Veronika Beyer

Spaß und Action mit Kindern
FREIBURG, Kaiserstuhl, Markgräflerland

Veronika Beyer

Spaß und Action mit Kindern

Freiburg

Kaiserstuhl
Markgräflerland

LAUINGER VERLAG

Inhalt

Liebe Kinder, liebe Eltern!

Freiburg ist eine der schönsten Städte, die ich kenne. Eingebettet zwischen Schwarzwald, Rheinebene, Kaiserstuhl und Markgräflerland bietet die Region eine reiche Vielfalt an Ausflugsmöglichkeiten. Von entspannt bis abenteuerlich ist alles zu haben. Genießen Sie die wunderbare Landschaft und das Zusammensein mit der Familie, sei es bei einer Schluchtenwanderung im Schwarzwald, einer Bootsfahrt auf dem Titisee, einer Fahrradtour am Rhein entlang, der Erkundung einer Burgruine oder dem Besuch eines Bergwerks! Planen Sie auch stets genügend Zeit ein für spontane Entdeckungen, Spielpausen und kleine Abenteuer. Denn: Draußen sein tut so gut!

Und jetzt noch ein paar praktische Hinweise zum Buch: Die Ausflüge müssen und sollen nicht viel kosten. Deshalb habe ich auf besonders preisintensive Ausflugsziele wie z. B. größere Freizeitparks verzichtet. Mithilfe der Symbole können Sie sich einen schnellen, ersten Überblick verschaffen. Allerdings habe ich von einer Altersangabe abgesehen. Jede Familie und jedes Kind ist anders und hat andere Interessen. Eltern wissen am besten, was der Nachwuchs schafft und woran alle Spaß haben. Bei einigen Touren gibt es Abkürzungsmöglichkeiten und Varianten. Verabreden Sie sich mit anderen Familien! In der Gruppe macht das Wandern doppelt Spaß. Die Angaben zu Öffnungszeiten und Preisen entsprechen dem Stand Frühjahr 2017. Da sich hier natürlich einiges ändern kann, prüfen Sie die Aktualität im Zweifel auf der Webseite bitte nach. Außerdem habe ich, abgesehen von Angaben zu öffentlichen Verkehrsmitteln, auf eine Anfahrtsbeschreibung verzichtet. Die meisten besitzen wohl ein Navigationssystem im Auto bzw. nutzen die kostenlosen Routenplaner im Internet. Über Abfahrtszeiten und Anbindung können Sie sich recht schnell und einfach unter www.bahn.de oder www.efa-bw.de informieren.

Dann kann es ja los gehen!
Viel Spaß und herzliche Grüße

Legende der Symbole

Eltern haben meist wenig Zeit! Die Symbole im Balken auf der ersten Seite jeder Tour ermöglichen einen schnellen ersten Überblick, der die Planung erleichtern soll:

 Naturerlebnis

 kinderwagentauglich

 Kultur/Historisches

 Spielplatz/Spielmöglichkeit

 Bademöglichkeit

 Einkehrmöglichkeit

 Kosten für Eintritt o. Ä.

Freiburg ist eine Stadt mit Charme! Die an der Dreisam gelegene, südlichste Großstadt Deutschlands bietet Familien mit Kindern Kultur, jede Menge Spaß und Erholung. Ein Spaziergang durch die wunderschöne Altstadt lohnt sich ebenso wie der Besuch der Museen oder eine Fahrt mit der Schlossbergbahn zu den Ursprüngen der Stadt. Eingebettet zwischen Oberrheingraben und Schwarzwald bietet die Umgebung zahlreiche, spannende Ausflugsmöglichkeiten der unterschiedlichsten Art – ob eine abenteuerliche Schluchtenwanderung, ein Besuch unter Tage oder ein gemütlicher Nachmittag am Badesee.
Freiburg – eine Region zum Wohlfühlen!

Freiburg
und Umgebung

1 | Tour
Freiburger Stadtspaziergang –
Bächletour für kleine Füße

Stadtspaziergang mit Kindern? Ja, klar. Freiburg ist sehr abwechslungs-
reich und bietet für Groß und Klein jede Menge Entdeckerspaß. Mit
einem Bächleboot an der Schnur können die Kinder fast die gesamte
Altstadt nassen Fußes erkunden und entdecken. Es gibt jede Menge
Historisches, kindgerechte Museen, Parks und Spielplätze für eine
Verschnaufpause.

Sehenswert

Schlossbergbahn
www.schlossberg-bahn.de
tägl. ab 9 Uhr, letzte Bergfahrt um 22 Uhr
Erwachsene 3 €, Kinder ab 6 J. 2 €

Schlossbergrestaurant Dattler
www.dattler.de
Tägl. ab 9 Uhr, Frühstück bis 11 Uhr, Di Ruhetag

Greiffenegg Schlössle
www.greiffenegg.de
Di–Sa 12–24 Uhr, So und Feiertag 10–24 Uhr,
So und Feiertag Brunch 10–14 Uhr

Museum für Stadtgeschichte / Wentzingerhaus
www.freiburg.de/pb/,Lde/238004.html
Di–So 10–17 Uhr
Erwachsene 3 €, ermäßigt 2 €
Im Museum werden regelmäßig Familiennachmittage
angeboten. Aktuelle Infos im Internet unter
„Städtische Museen Freiburg".

Unsere kleine Rundtour startet am Hauptbahnhof. Wir folgen der
Eisenbahnstraße, bis wir linker Hand einen kleinen Park und
das **Colombischlössle** sehen, in dem das Archäologische Museum
untergebracht ist. In dem schmucken Gebäude kann man Ausstellungsstücke aus mehreren Jahrtausenden südbadischer Geschichte
bestaunen. Die Ausstellung ist abwechslungsreich und ansprechend

Colombischlössle

gestaltet. Für Familien werden regelmäßig Familiennachmittage angeboten. Wir gehen weiter geradeaus, queren den Rotteckring und tauchen ein in die Gassen, Gässchen und Straßen der Freiburger Altstadt. Die Rathausgasse entlang, am Wallgraben Theater vorbei, kommen wir zum Rathausplatz. Inmitten dieses schmucken Platzes steht ein Brunnen mit der Figur des Franziskanermönchs Bertold Schwarz, der das Schießpulver erfunden haben soll. Das schmucke rote Haus, ein geschichtsträchtiges Gebäude, dessen Ursprung bis ins 13. Jahrhundert zurückreicht, beherbergt das **Alte Rathaus**. In der Eingangshalle befindet sich das Info-Zentrum. Hier können Sie beispielsweise eine Stadtführung buchen; für Kinder gibt es hier gegen geringes Entgelt den Freiburger Kinderstadtplan mit Infos zu Spielplätzen, Schwimmbädern und allem, was Kinder so interessiert.

 TIPP

Wichtige und interessante Infos zu Veranstaltungen, Spaß und Spielmöglichkeiten bietet das **Kinderportal**: www.freiburg.de, Stichwort Kinderportal.

So macht Stadtbesichtigung auch Kindern Spaß!

Links neben dem Alten Rathaus steht das **Neue Rathaus**, ein schöner heller Renaissancebau, der bis 1896 zur Universität gehörte. Täglich um 12 Uhr erklingt vom Turm ein Glockenspiel. Im Sommer finden im Innenhof Veranstaltungen des Wallgraben-Theaters statt. Warum nicht bei Eis, Kuchen oder Kaffee ein Weilchen die schöne Atmosphäre hier genießen?

TIPP

Freiburger Münstermarkt
Mo–Fr 7.30–13.30 Uhr
Sa 7.30–14 Uhr

Weiter geht's auf unserem Rundgang am Gräbele entlang bis zur **Kaiser-Joseph-Straße**, Freiburgs Bummelmeile. Wir gehen links, gleich darauf wieder rechts und kommen zum Münster.

Das **Freiburger Münster** „Unserer Lieben Frau" ist ein wunderschöner romanisch-spätgotischer Sandsteinbau. Der Turm misst 116 m. 333 Stufen führen hinauf, wo man eine wunderbare Aussicht auf Freiburg genießen kann. Wie durch ein Wunder blieb das Münster im Zweiten Weltkrieg von Bombenangriffen verschont, während die Stadt ringsum in Trümmern lag. Für Kinder zwischen 7 und 11 Jahren werden spannende Themenführungen angeboten. Diese finden immer am letzten Freitag im Monat von 15–17 Uhr statt und kosten 4 €. Die Führungen beginnen und enden im c-punkt. Im Internet gibt es jede Menge kindergerechter Infos, Spiele und Geschichten rund um das Freiburger Münster: www.muenster-fuer-kinder.de

Auf dem Münsterplatz findet von Montag bis Samstag der Wochenmarkt statt. Hier wird neben Obst, Gemüse und Spezialitäten aus der Region auch Kunsthandwerkliches angeboten. Samstags zur Marktzeit kann man das Münster klanglich erleben. Zwischen 11.30 und 11.55 Uhr spielen Musiker aus der Region, Gäste und Studenten der Musikhochschule im Münster Orgelstücke.

Wir gehen rechts am Münster vorbei und sehen rechter Hand das **Historische Kaufhaus**. Man erkennt es gleich. Das rote, reich verzierte Gebäude diente seit dem 14. Jahrhundert als eine Art Marktverwaltung und Zollstelle. Im Kaisersaal finden rund um das Jahr zahlreiche Veranstaltungen, Konzerte, Tagungen und Vorträge statt. Wenige Meter weiter steht das **Wentzingerhaus**,

Historisches Kaufhaus

13

Weihnachten am Schwabentor

in dem das Museum für Stadtgeschichte untergebracht ist. Nicht weniger als 900 Jahre der Historie Freiburgs erwartet die Besucher. Wir gehen am Museum vorbei durch eine enge Gasse und kommen zur Herrenstraße; gegenüber befindet sich das Erzbischöfliche Ordinariat. Wir gehen rechts und kommen nach wenigen Metern zu einem kleinen Platz mit Brunnen. Schräg gegenüber liegt das Gasthaus **Zum Roten Bären** – mit seiner 700-jährigen Tradition wohl das älteste Gasthaus Deutschlands. Wir gehen links und kommen zum Schwabentor.

Wie das Schwabentor zu seinem Namen kam
Es wird erzählt, dass einst ein schwäbischer Kaufmann mit zwei Fässern voller Gold in die Stadt kam und verlangte, die ganze Stadt zu kaufen. Er wurde von den Bürgern ausgelacht und dies umso mehr, als sich herausstellte, dass in den Fässern nur Sand und Steine waren. Vielleicht hat aber auch das Bild von Matthias Schwäri, auf dem ein Mann mit einem Fuhrwerk dargestellt ist, die Geschichtenerzähler inspiriert.
Das Tor war Teil einer mittelalterlichen Wehranlage und wurde 1250 erbaut. Im Tor befindet sich das ehrenamtlich geführte kleine Museum Zinnklause. Hier sind Zinnfiguren zu sehen. Das Thema der Ausstellung sind die Freiheitsbewegungen in Baden. Öffnungszeiten Zinnklause: Mai–Okt Di–Fr 14.30–17 Uhr, Sa–So 12–14 Uhr

Wir gehen vor dem Schwabentor rechts, halten uns rechts und biegen rechts in die **Gerberau**. Wir kommen in den Freiburger Stadtteil, wo einst das Handwerk siedelte. Diese Ecke der Altstadt gehört zu den schönsten, wie ich meine. Hier reckt das Freiburger Krokodil seinen Kopf aus dem Gewerbekanal, schöne Geschäfte, urige Lokale und hübsche Cafés laden zum Verweilen ein.

Wir folgen dem Gewerbekanal, an der Alemannischen Bühne und der Hausbrauerei Feierling vorbei, und kommen zum **Augustinerplatz**. Linker Hand befindet sich das Naturkundemuseum – ein guter Tipp für Regentage. Rechts geht es zum Augustinermuseum, in dem Kunstschätze vom Mittelalter bis zum

Buntes Treiben in der Gerberau

Barock sowie Bilder aus dem 19. Jahrhundert zu sehen sind. Wir folgen der Gerberau Richtung **Martinstor**. Für Spielzeugliebhaber ist das „Holzpferd" zu empfehlen. In dem hübschen, kleinen Laden finden Sie neben aktuellen Spielzeugen auch jede Menge nachgebaute historische Spielzeuge. Stöbern macht hier einfach Spaß! Wenige Meter weiter kommen wir an die Kaiser-Joseph-Straße. An der Ecke ist die preisgekrönte Konditorei & Confiserie Gmeiner, in der, zwar nicht ganz billig, sehr leckeres Backwerk angeboten wird. Wir gehen rechts durch das Martinstor zurück in Richtung Altstadt und biegen gleich nach dem Tor links in die Löwenstraße, halten uns rechts und kommen in die Niemensstraße. Vorbei geht es an zahlreichen kleinen Cafés, Restaurants und Studentenkneipen. Links von uns befindet sich die **Universität**. Wir queren dann die Bertoldstraße, gehen an der Universitätskirche vorbei weiter die Brunnenstraße entlang und kommen zurück zur Rathausgasse. Hier geht es links zurück zum Bahnhof.

Schlossberg

Für Kinder ist ein Ausflug mit der Schlossbergbahn auf den Schlossberg ein spannendes Erlebnis. Man kann den Spaziergang zum Aussichtsturm gut mit dem Stadtrundgang verbinden. Im Stadtgarten an der nordwestlichen Ecke der Altstadt befindet sich die Talstation. In knapp 3 Minuten sind Sie aus dem Trubel der Stadt mitten im Grünen. Vom Schlossbergrestaurant Dattler geht es einen Serpentinenweg hinauf zum Aussichtsturm. 153 Stufen sind es nach oben zu einer einmaligen Aussicht auf Freiburg und das Umland. Der Turm ist durch seine ungewöhnliche Bauweise ein echter Hingucker. 34 m lange Douglasienstämme aus dem Freiburger Stadtforst lehnen sich wie riesige Mikadostäbe an die Stahlkonstruktion.

Der Schlossberg hat aber noch mehr zu bieten. Im 11. Jahrhundert stand hier das Burghaldenschloss, Stammsitz der Zähringer Herzöge, der Stadtgründer Freiburgs. Immer wieder wurde die Festungsanlage umgebaut und erweitert, zuletzt in der französischen Besatzungszeit durch den bekannten Festungsbaumeister Vauban Ende des 17. Jahrhunderts. Die Franzosen sprengten bei ihrem Truppenabzug 1744/45 die Anlage so gründlich, dass von der ursprünglichen Burganlage kaum etwas erhalten blieb.

Im November 2002 wurde der Schlossbergturm eingeweiht. ▶

Zahlreiche Spazierwege durchziehen den Schlossbergwald; immer wieder entdeckt man Mauerreste. Sie können vom Aussichtsturm auch hinunter zum Greifenegg Schlössle spazieren. Vom Biergarten aus haben Sie einen herrlichen Blick auf das Schwabentor und die Freiburger Altstadt. Im Schatten der Kastanienbäume können Sie lecker Flammkuchen essen. Einen Übersichtsplan mit Spaziervorschlägen rund um den Schlossberg finden Sie unter www.schlossberg-bahn.de, Stichwort Der Schlossberg.

2 | Ausflug
Zähringer Burgruine –
Beliebtes Ausflugsziel

An der Stelle, wo heute die Burgruine Ausflügler lockt, hatten schon die Alamannen im 3. Jahrhundert v. Chr. eine befestigte Kleinsiedlung errichtet. Fundstücke weisen darauf hin, dass die Siedlungsgeschichte des Burgbergs bis zu den Kelten zurückreicht. Herzog Berthold II. von Zähringer errichtete hier 1078 die Zähringer Burg, Stammsitz der Familie. Im Bauernkrieg 1525 brannte die Burg aus und wurde im Dreißig-jährigen Krieg schließlich völlig zerstört. Im Museum im Englerbeck Huus in Gundelfingen sind Ausgrabungsstücke ausgestellt. Anschaulich wird das Leben von damals dargestellt.

ÖPNV	ab Freiburg Hbf mit der S 4 Richtung Zähringen bis Haltestelle Reutebachgasse (Fahrzeit ca. 20 Minuten)
Einkehren	**Waldrestaurant Zähringer Burg**
	www.waldrestaurant-zaehringerburg.de
	Mi–Fr ab 18 Uhr, Sa u. Feiertag ab 12 Uhr,
	So ab 9.30 Uhr Brunch, ab 12 Uhr warme Küche
	Tipp: Außer dem Sonntagsbrunch wird regelmäßig ein Kinderbrunch angeboten, Spiel und Spaß inklusive.
	Englerbeck Huus
	Jedes erste Wochenende im Monat 15–18 Uhr geöffnet

2,5 km sind es bis hinauf zur Burg, die gemütlich am **Altbach** entlang gegangen werden. Wer nicht so viel wandern möchte, kann mit dem Auto die Serpentinenstraße bis zum Wanderparkplatz fahren.

Sie starten am **Bahnhof Freiburg-Zähringen** und gehen ein kur-zes Stück die Pochgasse entlang, biegen vor der Kirche St. Blasius rechts ab und kommen zum **Spazierweg am Altbach**, dem Sie bis zum Waldspielplatz folgen. Hier können die Kinder klettern, rut-schen, schaukeln und toben, bevor es hinauf zur **Burgruine** geht.

Sie gehen weiter über die Brücke, dann rechts ein kurzes Stück die Straße entlang, bis links ein Pfad Richtung Burgruine abzweigt. Der Aufstieg ist recht steil, aber nach knapp 1,5 km haben Sie es geschafft. Oben angekommen, können Sie im Waldrestaurant gut einkehren. Auch hier gibt es einen kleinen Spielplatz. Anschließend können Sie zur Burgruine spazieren. Vergessen Sie nicht, im Restaurant nach dem Schlüssel für den Burgturm zu fragen, damit Sie die schöne Aussicht genießen können. An der Burg starten einige Wanderungen. Auf der Übersichtskarte am Parkplatz finden Sie Wandervorschläge und Wegbeschreibung.

Waldspielplatz am Altbach

3 | Ausflug
Auf dem Schauinsland – Gemütlicher Ausflug oder sportliche Herausforderung?

Was für ein passender Name! Vom Schauinsland haben Sie bei guter Wetterlage eine herrliche Aussicht in alle Richtungen: auf den Schwarzwald, auf die Rheinebene und die Vogesen, oft auch auf die Alpen. Der 1284 m hohe Berg ist sommers wie winters ein beliebtes Ausflugsziel und bietet von sportlich-ambitioniert bis erholsam vielfältige Freizeitmöglichkeiten. Ein Highlight ist die Schauinsland Klassik, eine Oldtimer-Rallye für historische Fahrzeuge. Die Veranstaltung findet jedes Jahr statt und ist über die Region hinaus bekannt und beliebt.

ÖPNV ab Freiburg Hbf mit der S 4 Richtung Zähringen bis Haltestelle Bertoldsbrunnen, umsteigen und weiter mit der S 2 Richtung Günterstal bis Haltestelle Dorfstraße, dann weiter mit VAG Bus 21 Richtung Horben/Rathaus bis Haltestelle Schauinslandbahn (Fahrzeit ca. 30 Minuten)

Einkehren **Café & Restaurant „Die Bergstation"**
www.diebergstation.de
Tägl. 9.30–17 Uhr geöffnet (Frühstück bis 11.30 Uhr)

Informationen **Schniederlihof Bauernhofmuseum**
Mai/Juni Sa, So und Feiertag 12–16 Uhr,
Pfingstferien Di–So 13–16 Uhr,
Juli/Aug Sa und So 12–16 Uhr, Di–Fr 13–16 Uhr,
Sep/Okt Sa, So und Feiertag 12–16 Uhr, Mi 13–16 Uhr

Museums-Bergwerk Schauinsland
Mai–Juni und Sep–Nov Mi, Sa, So und Feiertag sowie Juli–Aug tägl. Familienführungen um 11.30, 12.30, 13.30, 14.30, 15.30, Dauer: etwa 45 min, festes Schuhwerk und Jacke oder Pullover empfehlenswert
Familienführung: Erwachsene 6 €, Kinder 4–12 J. 4 €, Familienkarte 20 €

Informationen

Tipp: Es wird auch eine lange Führung angeboten (Dauer: etwa 2,5 Std.), nur für ältere Kinder! Spannend: Man kann auch den Kindergeburtstag untertage feiern. Weitere Infos unter www.schauinsland.de.

Skifahren am Schauinsland

Einen aktuellen Schneebericht, Preise für Skipass, Ausrüstung usw. und einen Übersichtsplan finden Sie unter: www.skilifte-hofsgrund.de und www.skilifte-haldenkoepfle.de

Schlittenlift am Schauinsland

www.schlittenlift.de

Downinsland Rollerstrecke Schauinsland

www.rollerstrecke.de
Mai–Juni So u. Feiertag, Juli/Sep–Okt Sa, So u. Feiertag, August Mi–So: Start um 14 Uhr und 17 Uhr an der Schauinsland-Bergstation
Kosten pro Person 25 €, Achtung: nur Barzahlung möglich!

Am besten fahren Sie mit der **Schauinslandbahn** zur Bergstation. Für die Kinder ist es sicher spannend in der Gondel, so hoch über dem Boden. Die Schauinslandbahn ist mit ihren 3,6 km die längste Umlaufseilbahn Deutschlands. Sonntags um 15 Uhr können Technikbegeisterte an einer Führung zum Umlaufsystem teilnehmen. Von der **Bergstation**, wo ein kleiner Spielplatz zur ersten Spielpause einlädt, spazieren Sie zum **Aussichtsturm**. Hier wäre auch eine gute Stelle für ein schönes

Aussichtsturm auf dem Schauinsland

21

Die Fahrt mit der Schauinslandbahn ist ein tolles Erlebnis!

Picknick. Vom Aussichtsturm ist es nicht weit bis zum **Museums-Bergwerk**, dem größten Bergwerk im gesamten Schwarzwald. Hier können Sie sich von einem kundigen und engagierten Führer in die Geheimnisse des Bergbaus einweihen lassen, der Freiburg im Mittelalter reich gemacht hat. Am Bergwerk vorbei führt der Wanderweg zum **Schniederlihof**, einem sehenswerten Bauernhausmuseum auf der Südseite des Schauinsland, knappe 2 km von der Bergstation entfernt und schön zu gehen. Hier können die Kinder sehr anschaulich ein Stück Schwarzwaldgeschichte erleben.

Eine nette Einkehrmöglichkeit besteht direkt an der Bergstation. Neben Kaffee, Kuchen und Vesper gibt es hier auch einen sehr guten Eintopf und Flammkuchen. Sportbegeisterten bietet die 8 km lange

-ı̣ͯ- TIPP

Weitere Wandervorschläge finden Sie auf www.schauinslandbahn.de, Stichwort Angebote.

Downinsland-Rollerstrecke ein ganz besonderes Erlebnis. Auf Kinder ab 12 Jahren wartet eine spannende, etwa 45-minütige Abfahrt zur Talstation. Hightech-Roller und Schutzbekleidung können an der Bergstation ausgeliehen werden. Start ist jeweils um 14 und um 17 Uhr. Man sollte aber auf jeden Fall mindestens 20 Minuten eher da sein. Im Winter bieten die Skigebiete Hofsgrund und Haldenköpfle Abfahrten in verschiedenen Schwierigkeitsstufen und oberhalb von Hofsgrund gibt es einen speziellen Schlittenlift.

4 | Tour
Feldbergwanderung vom Rinken zum Gipfel – Von Hütte zu Hütte

Der Feldberg gehört zu den Top-Zielen in der Region. In der Saison tummeln sich hier Ausflügler, Wandergruppen, Mountainbiker und ambitionierte Sportler auf den Wegen rund um den Feldberg. Die beschriebene Tour meidet die breiten, fahrradbefahrenen Wege. Es geht idyllisch auf schmalem Pfad zunächst an einem Bach hinauf zur Baldenweger Hütte. Hier wartet nach dem Aufstieg die erste schöne Einkehrmöglichkeit. Oder man geht noch ein paar Meter weiter und genießt vom Naturfreundehaus den Blick auf den Feldberg, während sich die Kinder auf dem kleinen Spielplatz vergnügen. Weiter geht's hinunter durch den Wald zur Zastler Hütte. In der urigen Einkehrmöglichkeit wird es so richtig gemütlich, wenn die Hauswirtin aus dem Nähkästchen plaudert. Auf dem schmalen Pfad von der Zastler Hütte zurück zum Rinken ist Schwindelfreiheit gefragt. Der Weg ist aber auch mit kleineren Kindern gut zu schaffen. Ein wenig vorsichtig sollte man an manchen Stellen aber dennoch sein.

Streckenverlauf	Rinken – Baldenweger Hütte – Naturfreundehaus – Zastler Hütte – Rinken
Länge	6 km
Start	Rinken, Wanderparkplatz
ÖPNV	Wanderbus ab Hinterzarten
Einkehren	**Baldenweger Hütte** www.baldenweger-huette.de Tägl. ab 10 Uhr, Mo Ruhetag Als besondere Spezialität gibt es hier Fleisch und Gemüse vom „Heißen Stein", allerdings müssen Sie dieses Essen vorbestellen. **Naturfreundehaus** www.naturfreundehaus-feldberg.de Bewirtung am Wochenende und Feiertag; in den Schulferien BW ganztags geöffnet, Di Ruhetag; vorrangig Bioprodukte

Einkehren

Im Naturfreundehaus werden u. a. Kinderfreizeiten angeboten. Informieren Sie sich hierzu bitte auf der Internetseite.

Zastler Hütte
www.zastler-hütte.de
mitten im Naturschutzgebiet
Tägl. 10–17 Uhr, Do Ruhetag; falls der Do ein Feiertag ist, wird der Ruhetag auf Freitag verlegt

Vom Wanderparkplatz am Rinken gehen wir zunächst am Jägerheim vorbei Richtung Wald. Wir lassen den kleinen Spielplatz, der im Rahmen eines Jugendprojektes 2012 entstanden ist, rechter Hand liegen und gehen Richtung **Raimartihof**. Der Raimartihof ist übrigens auch ein schönes Ausflugsziel (siehe S. 29) und von hier aus auch gut mit einem Kinderwagen erwanderbar.

Auf breiten Spazierwegen geht es zum Feldberggipfel.

Von der Baldenweger Hütte geht es in Serpentinen hinauf auf den Feldberg.

Unser nächstes Etappenziel ist die **Baldenweger Hütte**. Nach wenigen hundert Metern biegen wir vor der Holzbrücke rechts ab und kommen über wenige Treppenstufen auf den Pfad, der am Bach entlang zur Baldenweger Hütte führt. Achtung: Nicht an der ersten Wegkreuzung die ausgeschilderte Straße zur Baldenweger Hütte nehmen! Durch Heidelbeergestrüpp, über Wurzeln und Steine geht es spannend hinauf, bis wir aus dem Wald auf eine Weide kommen und bald auch zur Baldenweger Hütte. Diejenigen, die kürzer wandern möchten, gehen an der Hütte geradeaus bis zum **Naturfreundehaus**. Hier geht es an einem kleinen Spielplatz vorbei in den Wald auf direktem Weg zur **Zastler Hütte**. Die Gipfelvariante führt bei der Baldenweger Hütte links in Serpentinen den Berg hinauf, der Beschilderung folgend. Oben angekommen, haben wir eine einmalige Aussicht auf den Schwarzwald, bei guter Wetterlage kann man sogar die Alpen sehen.

Der **Feldberg** ist mit seinen 1493 m der höchste Berg Deutschlands außerhalb der Alpen. Seinen Namen bekam er, weil der Gipfel nicht bewaldet ist, sondern wie ein Feld aussieht. In der letzten Eiszeit bedeckte ein großer Gletscher den Schwarzwald. Die eiszeitlichen Einflüsse sind vielerorts zu sehen. Am Feldberg ist es der Feldsee, ein Karsee, der in dieser Zeit entstanden ist. Auch das Feldseemoor ist durch glazialen Einfluss entstanden. Wer sich für die Natur rund um den Feldberg und seine Entstehung interessiert, dem sei die Ausstellung im Haus der Natur empfohlen (siehe auch Tour 5).

Wir gehen auf einem recht breiten, gekiesten Weg entlang Richtung **Wetterstation**. Beim Aussichtspunkt am Turm stehen Bänke für eine Rast bereit; eine Tafel erklärt die Landmarken ringsherum. Ausgeruht geht es den Schildern nach hinunter zur Zastler Hütte. Immer wieder haben wir einen schönen Blick auf unser nächstes Ziel. Die Zastler Hütte befindet sich im sogenannten Zastler Loch, einem Kar, das ebenfalls in der letzten Eiszeit entstanden ist. Sie wurde ursprünglich als Viehhütte genutzt und ist heute ein beliebtes Ausflugsziel. Kurz bevor wir die Zastler Hütte erreichen, kommen wir an einem kleinen Wasserfall vorbei und überqueren auf Holzstegen ein kleines Moor. An der Zastler Hütte können wir gemütlich rasten und vielleicht ein deftiges Schwarzwälder Vesper genießen. Weiter geht es ein Stück die Fahrstraße hinunter. Nach etwa 200 m zweigt rechts

ein schmaler Pfad ab, der zunächst steinig über ein Geröllfeld, später wurzelig durch den Wald eben am Berg entlang zurück zum Rinken führt. Der beschriebene Weg ist Teil des Naturlehrpfads. Immer wieder gibt es Infotafeln, die auf die Besonderheiten der Landschaft hinweisen. Weitere Infos und eine Übersichtskarte des gesamten Naturlehrpfads finden Sie unter www.schwarzwald.region.org/feldberg/wanderung-02/index.htm.

Spannend und abwechslungsreich ist der Pfad zur Baldenweger Hütte.

27

5 | Tour
Feldberg: Über den Raimartihof zum Feldsee – Munter runter und dann wieder rauf

Die Wanderung ist mit ihren 6 km nicht lang, zugleich aber ganz schön anstrengend und wunderschön. Wir starten am Feldberger Hof und sind bald dem Trubel und bunten Treiben rund um die Talstation der Feldbergbahn entronnen. Wir wandern den Ernst Maurer-Weg hinunter zum Raimartihof. Immer wieder gibt es tolle Möglichkeiten, eine Spiel- und Kletterpause einzulegen. Am Raimartihof gibt es deftiges Schwarzwälder Essen; Naschkatzen fühlen sich hier bei Eis und Kuchen wohl. Dann geht es zum Feldsee. Die Natur hier ist wirklich einmalig, Baden aus Naturschutzgründen aber leider nicht erlaubt. Dann heißt es, Kräfte für den Aufstieg sammeln. Oben angekommen, haben diejenigen, die sich noch nicht müde gewandert haben, viele Möglichkeiten. Im Haus der Natur erwartet uns eine interessante Ausstellung mit vielen interaktiven Wissensstationen. Im Kletterwald Feldberg warten weitere Herausforderungen. Man kann den Wichtelpfad im Auerhuhnwald erkunden oder mit der Seilbahn zum Gipfel hinauf fahren und von dort die herrliche Aussicht genießen. Mehr als genug für einen Tag!

Streckenverlauf	Wanderparkplatz Feldberg (Haus der Natur) – Raimartihof – Feldsee – Wanderparkplatz
Länge	6 km
Start	Parkplatz Feldberg (Haus der Natur)
ÖPNV	ab Freiburg Hbf mit der RB Richtung Seebrugg bis Haltestelle Bärental Bf, weiter mit dem Bus 7300 Richtung Hebelhof/Feldberg bis Haltestelle Feldberger Hof (Fahrzeit ca. 1 Stunde)
Einkehren	**Raimartihof** www.raimartihof.de Juni–Nov. tägl. 9–19 Uhr, Jan–Mai Di Ruhetag Im Sommer gern besuchte Gartenwirtschaft, im Winter urige Vesperstube, kleiner Spielplatz am Hof

Informationen

Haus der Natur

www.naz-feldberg.de

Tägl. 10–17 Uhr, Mo Ruhetag

Erwachsene 3 €, Kinder ab 6 J. 2 €

Hier erwarten Sie ein Ranger, der Auskunft gibt, eine
3-D-Show, ein Tierquiz und viele spannende, interaktive
Stationen

Kletterwald Feldberg

www.kletterwald-feldberg.com

Mitte April–Okt (siehe Homepage), 10–17 Uhr,
Achtung: Gesonderte Öffnungszeiten in den Ferien!

Letzter Einlass 2½ h vor Schluss

Erwachsene 15 €, Kinder ab 6 J. 12,50 €,
Kinder ab 4 J. (Kinderparcours) 10 €

Außer Parcours in verschiedenen Schwierigkeitsstufen
gibt es noch einen schönen Abenteuerspielplatz

Feldbergbahn

www.feldbergbahn.de

Tägl. 9–17 Uhr, Achtung: Saisonal abweichende
Öffnungszeiten!

Erwachsene 9,50 €, Kinder 6,60 € (Berg- und Talfahrt)

8er-Kabinen, Kinderwägen und Hunde können
mitgenommen werden

V om Parkplatz aus gehen wir an der Talstation vorbei Richtung
Wald. Hier gabelt sich der Weg. Beide Wege führen zum **Raimartihof**. Da die Wanderung ein Rundweg ist, kann man den Weg auch
in beide Richtungen gehen. Wer nicht gerne steil bergab geht, geht
nun rechts (Raimartihof 3,5 km). Bald schon haben wir von einer
Bank aus einen schönen Blick auf unser erstes Ziel. Der Hof wirbt mit
„original alemannischer Schwarzwälder Gastlichkeit seit 1892" und
tatsächlich ist es ein Hof mit Tradition. Wir folgen dem Weg immer
bergab und halten uns danach links. Wir kommen zu einer Kreuzung
und gehen hier geradeaus, verlassen den Wald und kommen kurze
Zeit später zum Gasthof. Nach einer ausführlichen Pause geht es weiter zum **Feldsee**, der Beschilderung folgend.

Der **Feldsee** ist ein sogenannter Karsee, der in der letzten Eiszeit entstanden ist. Kare und Karseen sind kesselförmige Vertiefungen und entstehen am Fuß von Gletschern. Das Gletschereis wandert talwärts und führt Geröll und Gesteinsbrocken mit sich, die eine Vertiefung ausschürfen. Der Feldsee ist, von oben betrachtet, fast kreisrund und wird vom Seebach durchflossen. Unterhalb des Sees befindet sich das Feldseemoor, ein einzigartiges Naturschutzgebiet.

Feldsee

◄ *Planen Sie unbedingt genügend Zeit für spontane Entdeckungen und Abenteuer ein!*

Wer möchte, kann den Feldsee umwandern und hat so die Möglichkeit, den See immer wieder aus neuen Winkel zu betrachten. Dann geht es in Serpentinen auf steinigem Pfad hinauf zum Ausgangspunkt. Der Weg ist anstrengend, aber auch spannend zu gehen. Wer gern mehr über die Natur und die Tiere am Feldberg erfahren möchte, kann im **Haus der Natur** die interessante und kindgerechte Ausstellung besuchen. Das Haus der Natur befindet sich gut sichtbar am Parkplatz. Der Wichtelpfad startet hinter dem Feldberger Hof. Von der Straße aus sieht man schon den lustigen Wichtel, der am Einstieg auf die Kinder wartet. Der knapp 2 km lange Weg ist vor allem für jüngere Kinder interessant. Die Kinder begleiten Velt, den Feldbergwichtel, und seine Freunde auf der Suche nach Anton Auerhahn. Für Kinderwägen ist der Weg ungeeignet. Wer möchte, kann im Haus der Natur eine Rückentrage ausleihen und auch einen Übersichtsplan bekommen.

6 | Ausflug
Titisee –
Erholung auf Schwarzwälderisch

Der Titisee ist, genau wie der Feldsee, in der letzten Eiszeit entstanden. Er wird vom Seebach gespeist. Sein Name entstammt wohl einer Sage: In anderen Regionen bringt der Klapperstorch die Babys. Hier erzählte man sich, dass die Kinder aus dem unergründlich tiefen und geheimnisvollen See kämen. „Titi" stammt von „Teti", was im alemannischen Dialekt soviel wie Kindlein bedeutet.

ÖPNV ab Freiburg Hbf mit der RB Richtung Titisee-Neustadt bis Haltestelle Titisee (Fahrzeit ca. 40 Minuten)

Einkehren **Berggasthof Hochfirst**
www.berggasthaushochfirst.de
Tägl. 11–19 Uhr, Di Ruhetag

Informationen **Strandbad Titisee**
Je nach Witterung Mitte Mai–Mitte Sept geöffnet
Erwachsene 3,80 €, Kinder 2,20 €
direkt am See gelegen, große Spiel- und Liegewiese,
Schwimmfloß, Sportschwimmbecken
Angebot im Strandbad: Ausrüstung für SUP
10 € / 30 min, für Kajak ab 10 € / 30 min

Action Forest Kletterwald
www.action-forest-kletterwald.de
Saison- und witterungsbedingt geöffnet,
bitte im Internet informieren
Erwachsene 20 / 25 €, Jugendliche ab 14 J. 17 / 22 €,
Kinder ab 1,10 m 12 / 17 € (Preis Neben / Hauptsaison)

Sehenswert **Märklin World Titisee**
www.maerklin-world-titisee.de
April–Okt tägl. 11–19 Uhr, in den Ferien BW und
Nebensaison 12–18 Uhr
Erwachsene 6 €, Kinder bis 14 J. 3 €
150 Jahre Märklin-Geschichte auf 400 m²

Sehenswert   **Museum für alte Landtechnik**
www.alte-landtechnik.de

Do 14–17 Uhr

2 € pro Person

Morgenstimmung am Titisee

Der **Titisee** ist das perfekte Ausflugsziel für heiße Sommertage:
Man spaziert am See, um den See, schwimmt, unternimmt eine
Bootsfahrt oder mietet sich ein Tretboot. Zahlreiche Cafés im Ort locken mit Eis und Kuchen. Actionhungrige können sich im Kletterpark,
beim Paddeln, auf den Erlebnisrutschen des Badeparadies oder beim
Zorbing austoben. Im Strandbad kann man die Ausrüstung für Stand-
Up-Paddling (SUP) und Kajaks mieten. Zahlreiche Wanderwege warten darauf, die Schönheiten des Südschwarzwalds zu entdecken. Auf
dem **Seerundweg** können Sie den See und seine Umgebung am besten kennenlernen. Der 8 km lange Rundweg startet am Kurhaus Titisee, ist abwechslungsreich, mit schöner Bademöglichkeit im Strandbad und bestens ausgeschildert. Sie können einen Übersichtsplan bei
der Touristen-Info bekommen bzw. unter www.hochschwarzwald.de,
Stichworte Region, der Titisee herunterladen.

Schön ist auch eine Wanderung zum **Hochfirst**, dem Hausberg Titisees. Oben gibt es ein nettes Ausflugsrestaurant und einen Aussichtsturm. Eine tolle Wanderung hinauf zum Hochfirst startet in Saig, einem Ortsteil von Lenzkirch, am Haus des Gastes. Die Tour ist knapp 6 km lang und mit Kindern gut zu bewältigen. Eine Übersichtskarte finden Sie unter www.schwarzwald-tourismus.info/Media/Touren/Panoramaweg-rund-um-Saig. Für Freunde der Modelleisenbahn wird in der **Märklin-World Titisee** einiges geboten. Technikfreunde finden im **Museum für alte Landtechnik** in der Scheune des 400 Jahre alten Bankenhofs einige interessante Raritäten.

7 | Ausflug
Schluchsee –
Badespaß im Schwarzwald

Der Schluchsee verdankt seinen Namen seiner schlauchartigen Form. Ursprünglich befand sich hier ein deutlich kleinerer Gletscherkarsee, der vor rund 85 Jahren zur Energiegewinnung aufgestaut wurde. Der See ist über 7 km lang, ungefähr 1,5 km breit und im Sommer nicht nur für Angler, Taucher und Segler ein beliebtes Ausflugsziel ist.

ÖPNV	ab Freiburg Hbf mit der RB Richtung Seebrugg bis Haltestelle Schluchsee (Fahrzeit ca. 1 Stunde)
Informationen	**aqua fun** je nach Witterung Mai–Sept tägl. 9–19 Uh Erwachsene 4 €, Kinder ab 6 J. 2,70 €
	MS Schluchsee www.seerundfahrten.de Das Fahrgastschiff fährt von Mai–Nov tägl. im Linienverkehr (6 Fahrten), aktueller Fahrplan im Internet. Die Teilstrecke Aha–Schluchsee kostet für Erwachsene 10 €, Kinder 5 €
	Spass Park Hochschwarzwald Tel.: 01 62 / 294 43 47 Nur bei gutem Wetter geöffnet! Jan–Apr tägl. außer Mi 10–16 Uhr, Mai–Okt 10–18 Uhr, Sonderregelungen in den Schulferien (bitte im Internet informieren) Erwachsene 8 € / 3h, Kinder 5 €, einige Attraktionen kosten extra

Für Familien mit Kindern gibt es rund um den **Schluchsee** einiges zu entdecken. Zahlreiche Naturstrände laden zu einem erfrischenden Bad; für Spaß und Action ist im **aqua fun** gesorgt. Das Freibad, direkt am See gelegen, lockt mit einer über 100 m langen Rutschbahn und einem schönen Abenteuerspielplatz. Wer möchte, kann sich ein Tret- oder Ruderboot oder ein Elektroboot mieten und so den See erkunden. Bootsverleihe gibt es mehrere – einen bei-

Sehr idyllisch kann man am See entlang nach Aha spazieren.

spielsweise direkt am **Strandbad** unweit des Bahnhofs. Versuchen Sie es doch einmal als Stand-Up-Paddler. Es ist gar nicht so einfach, auf einem Surfbrett stehend zu paddeln und dabei weder Haltung noch Balance zu verlieren. Die Ausrüstung können Sie beispielsweise

bei RAFFTAFF mieten, der Verleih befindet sich von Schluchsee aus über die Brücke an der Amalienbucht.

Ein 18 km langer Weg führt rund um den See – ideal für eine gemütliche Fahrradtour. Oder Sie wandern von Schluchsee nach Aha und fahren mit dem Fahrgastschiff wieder zurück. Unterwegs gibt es immer wieder schöne Plätze zum Verweilen, Picknicken und Baden. Die Strecke ist knapp 6 km lang, ohne Steigung und auch mit dem Kinderwagen gut zu bewältigen. Sie starten beispielsweise am Bahnhof Schluchsee (gute Parkmöglichkeit) und folgen ab hier der Beschilderung für den **Seerundweg** Richtung Aha. Von Aha geht es dann mit der MS Schluchsee zurück, die Anlegestelle in Schluchsee befindet sich am Strandbad, unweit des Bahnhofs.

Anschließend können Sie noch den kleinen Kurort erkunden. Im Kurhaus befindet sich ein Spielzimmer für die Kinder. Wer gern mehr wandern möchte, dem sei der 11 km lange Genießerpfad Jägersteig empfohlen. Der ausgezeichnete Premiumwanderweg startet am Wanderparkplatz „Im Wolfsgrund" und führt westlich vom Schluchsee hinauf auf den Ahaberg (mit herrlichen Ausblicken auf den See), dann über Unter-Aha am See entlang wieder zurück zum Ausgangspunkt. Eine detaillierte Beschreibung mit Tourenkarte zum Herunterladen finden Sie unter www.hochschwarzwald.de, Stichworte Region, der Schluchsee. Ein besonderes Erlebnis bietet der **Spass Park Hochschwarzwald**. Hier können Rodelfreunde sommers wie winters den Hang hinuntersausen.

Der Pegel kann am Schluchsee sehr stark variieren.

8 | Tour
Von Boll zur Wutachmühle –
Ein einmaliges Wandererlebnis durch
die Wutachschlucht

Die Wutachschlucht gehört zu den meistgewanderten Regionen im Südschwarzwald und das zu Recht. Mal idyllisch, mal spannend auf felsigem
Pfad, mal über summende Feuchtwiesen, mal hoch über der Wutach, über
Brücken, Treppen und Stiegen ist der Weg sehr abwechslungsreich. Wir
beginnen in Boll und gehen an der Ruine und am ehemaligen Bad vorbei
hinunter zur Wutach. Wir folgen mal oben, mal unten dem Fluss bis zur
Wutachmühle. Immer wieder gibt es schöne Stellen am Wasser, die zum
Spielen und Plantschen einladen. Hier im Naturschutzgebiet Wutachmühle gedeihen über 1200 verschiedene Pflanzenarten. Viele verschiedene Blühpflanzen locken Insekten und bunte Schmetterlinge.
Eine Einkehrmöglichkeit gibt es erst am Ende der Tour, denken Sie also
an genügend Getränke und Vesper für zwischendurch. Der Apfelkuchen
am Kiosk Wutachmühle ist besonders zu empfehlen, bevor wir gestärkt
mit dem Wanderbus zurück nach Boll fahren.
Die Strecke ist mit 10 km einigermaßen lang, aber abgesehen von kurzen
Auf- oder Abstiegen relativ eben und auch mit jüngeren Kindern gut zu
gehen. Es gibt allerdings einige, nicht ganz ungefährliche Stellen, wo man
die Kinder lieber fest an die Hand nimmt. Für Kinderwägen ist die Strecke allerdings gänzlich ungeeignet. Planen Sie unbedingt genügend Zeit
für Spiel- und Entdeckungspausen ein. Gutes Schuhwerk ist absolut
empfehlenswert und bei Nässe oder Regen sollte man die Tour unbedingt
verschieben!

Streckenverlauf	Boll – Ruine Boll – ehemaliges Bad Boll – Schurhammerhütte – Rümmelesteg – Wutachmühle
Länge	10 km
Start	Boll Bushaltestelle/Wanderparkplatz

Tipp: Nutzen Sie den Wanderbus, der die Hauptein-
stiege zur Wutachschlucht anfährt. Der Bus fährt nur
wochenends, unter der Woche wird die Strecke vom
regulären Linienbus bedient. Einen aktuellen Fahrplan

sowie eine Übersichtskarte finden Sie unter
www.suedbadenbus.de, Stichwort Wanderbusse.

Einkehren   **Wutachmühle**
Mo–Fr 14–20 Uhr, Sa 11–20 Uhr, So 10–20 Uhr.
Wetterabhängig geöffnet!

Schattenmühle
www.schattenmuehle.de
Tägl. ab 10 Uhr geöffnet, durchgehend warme Küche

Naturfreundehaus Burgmühle
www.gauchachschlucht.de
Di–Fr 11–17 Uhr, Sa u. So 10–18 Uhr, Mo Ruhetag,
Schulferien BW u. Feiertag durchgehend geöffnet

Wir starten in Boll am Wanderparkplatz. Gegenüber vom Gasthaus Wutachschlucht geht es am Christuskreuz hinunter. Nach 600 m kommen wir zur **Burgruine Boll**, auch Burg Neu-Tannegg genannt. Leider ist es aus Sicherheitsgründen verboten, die Ruine zu besichtigen. Vom Weg aus kann man Teile der Mauer erkennen. Die Höhenburg wurde um 1200 durch die Herren von Boll errichtet. Mitte des 14. Jahrhunderts kam sie in Besitz der Herren von Tannegg, verfiel jedoch nach und nach. Auf einem Zickzackpfad geht es weiter bis zum ehemaligen **Bad Boll**.

In **Bad Boll** stand einst ein prächtiges, gut besuchtes Kurhotel. Hier flanierten betuchte Erholungssuchende, badeten, tranken Mineralwasser aus der Heilquelle und genossen die Annehmlichkeiten, die ihnen das Hotel bot. 1840 wurde das erste Badhaus errichtet, der Bau der Höllentalbahn und die fischreichen Gewässer trugen zur Beliebtheit des Kurhotels bei, bis 1914 der Erste Weltkrieg dem Kurbetrieb erst einmal ein Ende setzte. Danach diente das Gebäude zunächst als Tagungsstätte. 1975 brannte das Kurhaus nieder, die Bebauungsreste wurden nach und nach abgetragen. Heute erinnern nur noch die Kapelle und eine kleine Allee an die Pracht von einst. Dokumente zur Geschichte des Badbetriebs findet man beim Infopunkt, wo auch die Geologie der Wutachschlucht anschaulich erklärt wird. Neben der ehemaligen Kapelle stehen einige Tische und Bänke bereit für eine kleine Rast.

Am Wutachaustritt

Wir folgen der Beschilderung Richtung **Wutachmühle**. Bald sehen wir rechts eine beeindruckende Felsenmauer. Danach überqueren wir eine Holzbrücke. Der ansteigende Weg führt an einer Felswand entlang hoch über der Wutach. Der Weg ist zwar gesichert, trotzdem ist hier Vorsicht geboten. Nach 3 km kommen wir zur **Schurhammerhütte** mit Tischen, Bänke und einer Grillstelle. An sonnigen Wochenenden herrscht hier reger Betrieb. Jetzt sind es noch 6 km bis zur Wutachmühle. Wir gehen weiter, mal unten, mal oben an Felswänden entlang. Mit ein wenig Glück kann man sogenannte Drusen in den Felswänden entdecken. Dies sind kleine Hohlräume im Gestein, deren Flächen mit Kristallen bedeckt sind.

Der Weg führt wieder hinunter zum Fluss und zur **Wutachversickerung**. Hier verschwindet ein Teil des Wassers im karstigen Untergrund und kommt 1,5 km später am Wutachaustritt wieder an die

Oberfläche. Weiter geht es zum Rümmelesteg. 1903/04 ließ der Schwarzwaldverein einen Wanderweg zwischen Bad Boll und der Wutachmühle anlegen. Teil des Wanderwegs waren vier Brücken, konzipiert und gebaut vom Bahningenieur Karl Rümmele. Von den ursprünglich vier Brücken ist nur noch eine teilweise erhalten. Wir sehen vom neuen Rümmelesteg aus etwa 70 m flussabwärts eine Brücke, die im Nichts endet. Diese soll als Baudenkmal an die zerstörerische Kraft des Wassers erinnern.

TIPP

Die **Wutachschlucht** ist die bekannteste, aber auch die Seitenschluchten lohnen sich. So kann man sehr schön von der Wutachmühle durch die **Gauchachschlucht** zur Burgmühle wandern (hier Einkehrmöglichkeit). Oder Sie wandern durch die **Lotenbachklamm** 1,5 km zur Schattenmühle und genießen dort ein Schwarzwälder Vesper. Die kleinen Schluchten sind noch ein bisschen wilder und vielleicht auch noch abenteuerlicher als die große Wutachschlucht.

Lotenbachklamm

TIPP

Ein wirklich tolles Erlebnis für alle Eisenbahnfreunde ist die **Fahrt mit der Sauschwänzlebahn**. Der Name rührt wohl vom Tunnel „Große Stockhalde", in dem der Zug, um die Höhenmeter zu überwinden, eine Kehre fährt, die ein wenig wie ein Sauschwänzle aussieht. Ursprünglich führte die Strecke von Lauchringen am Hochrhein quer über den Südschwarzwald nach Hintschingen. Heute wird nur noch der mittlere und spektakulärste Teil der Strecke mit der berühmten Museumsbahn befahren. Von Blumberg/Zollhaus geht es auf 25 km über vier Brücken mit grandioser Aussicht und durch sechs Tunnel nach Weizen und zurück. Fahrplan und -preise finden Sie unter www.sauschwaenzle-bahn.de

Wenig später gehen wir abermals über eine Holzbrücke und kommen, weiter am rechten Flussufer entlang, zum **Wutachaustritt**. Die Stelle erkennen Sie leicht, da Sie mit einem großen Schritt darüber steigen müssen. Etwa 2,5 km weiter geht es links über eine überbedachte Holzbrücke zur **Gauchachschlucht**. Diese ist ebenfalls sehr sehenswert. Speziell für Kinder wurde auf dem Wanderweg durch die Gauchachschlucht ein Waldlehrpfad angelegt. Von der Brücke ist es nun noch etwa 1 km zur **Wutachmühle** und einem wohlverdienten Eis.

Ist hier vielleicht ein Schatz versteckt?

9 | Tour
Wanderung zum Belchen – Mit Rudi-Regina-Regenwurm zum Gipfel

Hier erstreckt sich eines der größten Naturschutzgebiete Baden-Württembergs. Nicht nur seltene Vogelarten wie der Wasserpieper oder Zitronengirlitz sind hier heimisch; es wachsen auch Pflanzen, die normalerweise nur im Alpenraum gedeihen, so zum Beispiel der Schweizer Löwenzahn oder die Gebirgsrose und einige sehr seltene Flechtenarten. Mit einer jährlichen Besucherzahl von über 300.000 gehört der Belchen zu den beliebtesten Ausflugszielen im Südschwarzwald. Auf dem Regenwurmpfad, einem Themenpfad, der dem Riesenregenwurm gewidmet ist, geht es zur Belchenbahn und in der Gondel dann hinauf zur Bergstation. Hier gibt es ein nettes Gasthaus, in dem Sie Kaffee, Kuchen sowie einfache Gerichte bekommen. Sie können jetzt zum Beispiel auf schmalem Pfad den Gipfel umrunden und anschließend die wenigen hundert Meter zum Gipfelkreuz hinaufsteigen. Oder Sie gehen auf direktem Weg zum höchsten Punkt und genießen die schöne Aussicht auf die Rheinebene, die Vogesen und den Schwarzwald. Schön ist auch der Fußweg durch den Bannwald zur Talstation, wo eine weitere Einkehrmöglichkeit besteht. Der Bus bringt Sie zum Ausgangspunkt zurück.

Streckenverlauf	Parkplatz – Regenwurmpfad – Talstation der Seilbahn – Rundweg mit Alpinem Pfad – Gipfel – Talstation (ab hier mit dem Bus) – Parkplatz
Länge	4,5 km, Variante: Fußweg Talstation (+2,3 km)
Start	Wanderparkplatz Hohtann an der K 6341
Einkehren	**Belchenhaus** (Gasthaus auf dem Gipfel) Bei guter Witterung tägl. ab 9 Uhr geöffnet. Selbstbedienung, Vespergerichte und warme Speisen; Achtung: nur Barzahlung!
	Belchenhotel Jägerstüble www.belchenhotel.de Mi–So 11.30–20.30 Uhr geöffnet, Mo u. Di Ruhetag Vespergerichte, aber auch gehobenere Küche

Sehenswert

Belchen Seilbahn
www.belchen-seilbahn.de
Bei guter Witterung tägl. 9.15–16.30 Uhr in Betrieb.
Erwachsene Berg- und Talfahrt 7,60 €, Kinder 5,40 €,
Familienkarte 20 € (Sommerpreise)

Blick vom Belchen auf den Südschwarzwald

Wir starten am Parkplatz Hohtann und folgen der Beschilderung für den **Belchenerlebnisweg „Regenwurmpfad"**. Auf 2,5 km helfen die Kinder Rudi-Regina bei der Suche nach seinem Freund und erfahren an den einzelnen Stationen mehr über den Riesenregenwurm. Die einzelnen Stationen sind zwar schön gelegen, aber schon etwas älter. Laut Tourismusbüro soll der Erlebnisweg in Bälde erneuert werden, was dem Spaß aber keinen Abbruch tut. Vor allem an der Wasserspiel- und Vogelstimmenratestation kommen die Kinder auf ihre Kosten.

Bei der Talstation angekommen, besteht eine erste Einkehrmöglichkeit im Jägerstüble. Wir fahren mit der **Seilbahn** hinauf und genießen erst einmal die wunderschöne Aussicht; hier besteht eine weitere Einkehrmöglichkeit im Gasthof Belchen.

Wer zum Gipfel möchte, folgt der Beschilderung hinter dem Gasthaus rechts hinauf. Der **Gipfelrundweg** ist sehr schön zu gehen, bietet eine tolle Aussicht und ist sogar ein wenig abenteuerlich. Wir folgen der Beschilderung auf ebenem Weg und halten uns später rechts am Berg. Nach etwa 0,5 km kommen wir zum **alpinen Bergpfad**. Dieser ist nicht lang und auch mit Kindern gut zu meistern. Toben und rennen sollte man hier natürlich nicht, dafür festes Schuhwerk tragen. Kurz vor dem Gasthaus zweigt rechts ein Pfad zum Gipfel ab. Von hier hat man einen tollen Blick auf den Feldberg und den Blauen, die höheren Nachbarn des Belchen. Denken Sie an Jacken oder Pullover, da es hier oben oft sehr windig ist.

Am Alpinen Pfad

Spielstation am Regenwurmpfad

Zurück zur **Talstation** geht es mit der Seilbahn oder zu Fuß. Hierzu nehmen wir vom Gasthaus aus den Weg, der von der Seilbahn Richtung Untermulten wegführt. Wir queren bald die Straße und kommen in den **Bannwald**. Es geht immer bergab, der Beschilderung Richtung Talstation nach.

10 | Ausflug
Todtnau –
Wasserfälle & Hasencoaster

Todtnau liegt zwischen den höchsten Schwarzwaldgipfeln, dem Feldberg und dem Belchen, im Wiesental mitten im Südschwarzwald. Lassen Sie sich von dem Ortsnamen nicht abschrecken. Heute ist Todtnau mit seinen 25 Dörfern ein beliebtes Ausflug- und Ferienziel und lockt mit schöner Natur und vielen tollen Wandermöglichkeiten. Im Winter sorgen 13 präparierte Pisten und 6 Skilifte für jede Menge Spaß und im Sommer ist es vor allem die herrliche Schwarzwaldlandschaft, die einen Besuch lohnt.

ÖPNV	ab Freiburg Hbf mit der RB Richtung Neustadt bis Haltestelle Kirchzarten, weiter mit dem Bus 7215 bis Todtnau Bf (Fahrzeit ca. 1:20 Stunden)
Einkehren	**Bergasthof Hasenhorn** www.berggasthaus-hasenhorn.de Tägl. 10–18 Uhr **Bergasthof Stübenwasen** www.berggasthof-stuebenwasen.de Tägl. 10–20 Uhr, Do Ruhetag
Sehenswert	**Hasenhorn Coaster** Tägl. 10–16.30 Uhr Einfache Fahrt: Erwachsene 4,50 €, Kinder ab 4 J. 4 € **Berger Bad** (höchstgelegenes Freibad Deutschlands) www.berger-bad.de Bei guter Witterung tägl. 10–19 Uhr geöffnet. Tageskarte Erwachsene 4,50 €, Kinder ab 6 J. 2 €

Besonders besuchenswert sind die **Todtnauer Wasserfälle**, wo der Stübenbach über vier Fallstufen ins Tal stürzt. Der Wasserfall ist frei zugänglich; rundherum verlaufen Wege, die zum Erkunden einladen. Parkmöglichkeiten gibt es auf dem Parkplatz Aftersteg an der L 126, direkt am Wasserfall. Sie können aber auch den Tangloch-Parkplatz in Todtnauberg nutzen und zum Wasserfall hinunter- oder in Todtnau parken und hinaufgehen (ca. 2,5 km). Alles ist sehr gut ausgeschildert. Zu empfehlen ist auch eine Wanderung von Todtnauberg zum Berggasthof Stübenwasen (einfache Strecke ca. 4 km). Startpunkt für diese aussichtsreiche Tour ist der Wanderparkplatz „Radschert" in Todtnauberg (ausgeschildert) in der Nähe der Jugendherberge. Von dort folgt man der Beschilderung Richtung Stübenwasen bzw. der Beschilderung für den kurzen Panoramaweg. Oben angekommen, gibt es im urigen Gasthof leckere Vespergerichte und hausgemachte Kuchen, die herrliche Aussicht inklusive. Ganz oben

Weniger bekannt als die Triberger Wasserfälle, aber absolut sehenswert:
die Todtnauer Wasserfälle

·ᕦ· TIPP

Spürnasenpfad

Der Familien-Abenteuerweg startet in Todtmoos-Strick am Skilift Park-platz und führt auf 6 km durch die Rabenschlucht hinauf zum Kirchberg. Tierspuren helfen, das Rätsel zu lösen. Unterwegs gibt es Spiel- und Wis-sensstationen. Der Weg ist nicht für Kinderwagen geeignet, Tragen können aber geliehen werden.

auf dem **Stübenwasengipfel** erwartet die Wanderer die längste Bankliege der Welt. In Todtnauberg selbst lohnt sich ein Besuch des kleinen Streichelzoos ganz in der Nähe des Wanderparkplatzes. Für eine Abkühlung an heißen Sommertagen sorgt das höchstgelegene Freibad **Berger Bad**.

Wer gern ein bisschen Action möchte, ist bei der **Coasterbahn** genau richtig. Auf der fast 3 km langen Sommerrodelbahn düst man vom Gipfel des Hasenhorn, Todtnaus 1155 m hohem Hausberg, ins Tal. Am Hasenhorn gibt es sowohl ausgewiesene Downhill-Strecken für Abenteuerlustige sowie einen speziell für Kinder angelegten Wanderweg – den **Zauberweg**. Auf dem knapp 4 km langen Weg geht es um Ilex und Farfara, zwei kleine Wichtel, deren Zauberstein verloren gegangen ist. Neben zahlreichen Spielstationen gibt es eine Grillstelle mit Picknickplatz. Zum Startpunkt geht es mit dem Sessellift zur

Hasenhorn Coaster

Bergstation am Hasenhorn. Dann begleitet man die kleinen, lustigen Wichtel auf ihrer Suche talwärts Richtung Todtnau. Unter www. zauberweg.de gibt es Infos zur Spielidee und eine Übersichtskarte.

Wenn man schon mal auf dem Hasenhorn ist, lohnt sich der kurze Weg von der Bergstation zum 2009 eingeweihten **Hasenhornturm**. Von dort hat man einen tollen Ausblick auf die Schwarzwaldberge. Nicht weit von Todtnau befindet sich das **Besucherbergwerk Finstergrund** (siehe Seite 77).

11 | Tour
Von der Hexenlochmühle zum Balzer Herrgott – Eine steile Sache

Start- und Endpunkt ist die Hexenlochmühle, eine idyllisch im Hexenloch gelegenen Sägemühle mit Verkaufsausstellung und Gastwirtschaft. Hier lockt nach einer anstrengenden Wanderung ein leckeres Schwarzwälder Vesper. Denn anstrengend ist diese Tour auf jeden Fall. Zunächst geht es auf schmalem, felsigem Pfad steil bergauf. Später wandern wir teilweise auf breiten Schotterwegen zum Balzer Herrgott, einer ganz besonderen Sehenswürdigkeit. Von dort geht es über das Mörderloch zurück zum Ausgangspunkt. Die Wanderung ist anstrengend, aber sehr schön und daher eher etwas für Familien mit älteren Kindern. Wer nicht so viel wandern möchte, kann am Wanderparkplatz Balzer Herrgott sein Auto parken. Von da ist es ein knapper Kilometer bis zur Figur. Direkt an der Hexenlochmühle gibt es ebenfalls eine Parkmöglichkeit.

Streckenverlauf	Hexenlochmühle – Balzer Herrgott – Mörderloch – Wildgutachtal – Hexenlochmühle
Länge	8,5 km
Start	Parkplatz Hexenlochmühle
Einkehren	**Hexenlochmühle** www.hexenlochmuehle.de Tägl. 10–18 Uhr Vespergerichte, Kuchen; im Haus gibt es eine kleine Schwarzwald-Uhren-Ausstellung und Verkauf von typischen Schwarzwald-Souvenirs, außerdem kann man das Räderwerk der Mühle besichtigen.

Wir starten an der Hexenlochmühle. Der Weg beginnt direkt hinter dem Ausflugslokal. Im Sommer steht ein weißes Festzelt direkt davor, weshalb der Einstieg nicht gleich sichtbar ist. Zunächst geht es einen wildromantischen Pfad steil bergauf. Wir halten uns rechts, der Beschilderung folgend, bis wir auf einen breiten Schotterweg kommen. Hier gehen wir links bis zu einem **Trinkbrunnen**,

Hexenlochmühle

wo wir entweder den **rechten Weg bergauf** nehmen oder der **gelben Raute** folgen können. Rechts kommen wir nach etwa 1 km zu einem idyllisch gelegenen **Gehöft**; eine herrliche Aussicht entschädigt für den anstrengenden Aufstieg. Wir gehen am Gehöft geradeaus vorbei und folgen dem Hinweisschild linker Hand durch den Wald zum **Balzer Herrgott**. Dieser Weg ist allerdings etwas länger.

Vom Balzer Herrgott aus folgen wir der Beschilderung bergab Richtung **Mörderloch**, halten uns links und kommen zur Landstraße. Wir gehen die Straße an der **Wilden Gutach** entlang, am Sattelhof vorbei bis zur nächsten Kreuzung. Von hier ist es nicht mehr weit zurück zur **Hexenlochmühle**. Die Straße ist wenig befahren und gut zu gehen.

Man weiß es nicht genau und es gibt viele Geschichten und Vermutungen rund um den **Balzer Herrgott**. Man erzählt sich, dass um 1900 jemand, vielleicht ein Bauer namens Balthasar, eine Christusfigur aus Sandstein an dem Baum befestigte. Die Figur stammte wohl von einem zum Teil zerstörten Wegkreuz und der Baum umwuchs die Figur mit den Jahren fast vollständig.

12 | Ausflug
Über St. Peter und St. Märgen zu den Zweribachwasserfällen – Schwarzwaldromantik pur

Von Freiburg aus ist es keine halbe Stunde mit dem Auto bis in die weithin bekannte Urlaubsregion Glottertal. Die Fahrt durch das Tal ist ein Augenschmaus. Das Glottertal, das seinen wohl keltischen Namen von dem Flüsschen Glotter hat, verbindet das Rheintal und den Hochschwarzwald. Zahlreiche Sehenswürdigkeiten locken unterwegs.

Die Zweribachwasserfälle liegen mitten in einem Naturschutzgebiet. Der steile Aufstieg lohnt sich. Im Bannwald ringsum die Wasserfälle herrscht eine ganz eigene Atmosphäre. Der Wald ist hier in all seinen Lebensphasen erlebbar. Über drei Fallstufen stürzt der Zweribach ins Tal. Allerdings wird ein Teil des Wassers oberhalb, am Plattensee, zur Energiegewinnung umgeleitet. Achtung: Die Wanderung ist nicht nur steil, sondern auch steinig. Festes Schuhwerk ist unbedingt empfehlenswert.

Einkehren	**Plattenhof**
	www.plattenhof-ferienwohnung.de
	Mai–Okt Mi–So 11–22 Uhr
	Achtung: In der Wintersaison nur Fr–So 12–20 Uhr geöffnet!
	Ganz in der Nähe liegt der Plattensee, ein Stausee, der für ein Wasserkraftwerk genutzt wird. Baden ist leider nicht erlaubt.
	Hexenlochmühle siehe S. 49
Sehenswert	**Kloster St. Peter**
	www.st-peter.eu/kloster.html
	Die Barockkirche ist frei zugänglich, Bibliothek und Festsaal sind nur mit Führungen zu besichtigen. Öffentliche Führungen: So u. Feiertag 11.30 Uhr (außer Karfreitag), Di 11 Uhr, Do 15 Uhr, Dauer: etwa 1,5 Stunden. Erwachsene 6 €, Kinder und Jugendliche von 12–18 J. 2 €

Sehenswert
KlosterMuseum St. Märgen
www.kloster-museum.de
Mai–Okt Mi u. Do, ganzjährig Sa u. Feiertag 10–13 Uhr
Führung jeweils um 10.15 Uhr und 11.45 Uhr
Erwachsene 4 €, Kinder bis 15 J. frei.

Naturfreibad St. Märgen
Je nach Wetterlage 9–18 Uhr geöffnet
Erwachsene 2,50 €, Kinder ab 6 J. 1 €, Familienkarte 5 €

Viele Wege führen zu den Zweribachwasserfällen – und alle mit einer gehörigen Steigung. Wer mit Kindern, vor allem mit kleineren, unterwegs ist, startet vielleicht am besten vom Wanderparkplatz am Ende des Zweribachwegs/Nähe Haldenschwarzhof in Wildgutach. Der Parkplatz ist von Wildgutach kommend ausgeschildert. Allerdings ist das Holzschild wenig auffällig. Vom Parkplatz aus, auf dem es gerade an sonnigen Wochenenden ganz schön voll werden kann, geht es 1,4 km bergauf durch den **Bannwald** bis zu einer Wiese mit Hütte und Grillplatz. Hier stand ehemals der **Brunnenhof**, der Mitte des 18. Jahrhunderts erbaut wurde und im Jahr 1984 fast vollständig abbrannte. Noch erhalten ist die Hofkapelle, die heute mit verschiedenen religiösen Symbolen geschmückt ist. Einen schöneren Picknick- und Rastplatz als hier

Kapelle am ehemaligen Brunnenhof

gibt es kaum. Man kann grillen, am Bach spielen oder gemütlich auf der Liegebank die Aussicht genießen.

Zu den Zweribachwasserfällen geht es rechts auf schmalem, felsigem Pfad. Eine urige und sehr kinderfreundliche Einkehrmöglichkeit besteht am **Plattenhof**, einem Bauernhof mit Gastwirtschaft, knappe 2 km vom Wasserfall entfernt. Der Weg führt links vom Wasserfall

Zweribachwasserfälle

steil den Berg hinauf. Wir halten uns links, beziehungsweise folgen der Beschilderung. Nach wenigen hundert Metern verlassen wir den Wald und gehen links die wenig befahrene Straße am **Plattensee** vorbei bis zum Hof.

Man kann auch sehr schön vom Wanderparkplatz gegenüber vom Gasthof Engel in Simonswald zum Zweribachwasserfall wandern (einfache Strecke 4,5 km) oder aber von St. Märgen oder St. Peter durch den Bannwald (einfache Strecke 6 km), was sehr spannend, aber auch sehr steil ist. Ebenso ist es möglich, den Ausflug Hexen-lochmühle (siehe Seite 49) mit einer Wanderung zu den Wasserfäl-len zu verbinden. Das erfordert allerdings einiges an Ausdauer und Sportsgeist.

TIPP

Mit dem Auto unterwegs, lohnt es sich, durch das **Glottertal** über die Hexenlochmühle zum Ausgangspunkt zu fahren. Immer wieder beeindruckt das Tal mit schönster Schwarzwälder Landschaft und auf dem Weg liegen einige Orte, die auf jeden Fall einen Besuch wert sind. Beispielsweise das **Klosterdorf St. Peter**, das auf fast 1000 Jahre Geschichte zurückblicken kann. Das im Jahr 1093 gegründete Benediktinerkloster kann besichtigt werden. Besonders beeindruckend ist die Rokoko-Bibliothek. Rund ums Jahr finden im Klosterhof zahlreiche Märkte und Veranstaltungen statt (Infos unter www.st-peter-schwarzwald.de).

Empfehlenswert ist die hübsche **Klosteranlage mit Klostermuseum in St. Märgen**. Hier erfährt man allerlei über das Uhrenhandwerk und den Handel, das Leben und Schaffen im Schwarzwald. Gleich neben der Klosteranlage gibt es in der ehemaligen Klosterherberge das Café Krone, in dem Sie leckeren Kuchen aus eigener Herstellung genießen können. Im **Naturerlebnispark Pfisterwald**, der nicht weit vom Zentrum entfernt und gut ausgeschildert ist, gibt es neben einem hübschen Abenteuerspielplatz und einem Waldlehrpfad auch ein empfehlenswertes Naturfreibad. Im Winter wird um St. Märgen das beliebte **Hornschlittenrennen** veranstaltet und alle drei Jahre findet der sehr sehenswerte **Pferdemarkt** statt (zuletzt 2013, aktuelle Infos unter www.st-maergen.de).

St. Märgen

13 | Tour
Simonswald –
Berg- und Talwanderung

Das Simonswäldertal ist ein Seitental der Elz, unweit von Freiburg gelegen und bestens geeignet für erlebnisreiche Wanderungen. In Simonswald starten einige interessante Wanderwege wie beispielsweise der Mühlenwanderweg. Dieser Weg ist mit seinen 9 km und 300 Höhenmetern doch recht anspruchsvoll und eher für Familien mit älteren Kindern geeignet. Bei der hier beschriebenen Variante wandert man nur einen Teil, dafür den schönsten, wie ich meine. Start- und Zielpunkt ist der Sägplatz. Hier gibt es schon viel zu erleben: Ein toller Spielplatz steht mit Klettergeräten, Rutsche und Schaukel für tobefreudige Kinder bereit. Eine Minigolfanlage mit Kiosk bieten Spiel und Erholung.
Wir gehen zunächst bachaufwärts bis zur historischen Ölmühle und steigen dann hinauf bis zur Wehrlehof-Mühle. Der Aufstieg ist zwar anstrengend, führt aber durch den Wald an einer kleinen Schlucht entlang und ist für die Kinder recht spannend. Die Mühle kann in den Sommermonaten besichtigt werden. Dann geht es durch das Dorf zurück zum Ausgangspunkt. Unterwegs erwarten Sie Wissenstafeln: Was ist zum Beispiel ein Eiskeller oder wohnt in der Schwarzwalduhr ein Kuckuck? In Simonswald gibt es ein hübsches Freibad, das Ihnen an heißen Tagen eine willkommene Abkühlung bietet.

Streckenverlauf	Sägplatz (Kronen-Mühle) – Eiskeller – Ölmühle – Wehrlehof-Mühle – Sägplatz
Länge	5 km
Start	Wanderparkplatz Sägplatz in Simonswald
ÖPNV	ab Freiburg Hbf mit dem BSB-Zug Richtung Elzach bis Haltestelle Bleibach/Bahnhof, dann weiter mit dem Bus 7272 Richtung Furtwangen bis Haltestelle Simonswald/Rathaus (Fahrzeit ca. 1 Stunde)
Informationen	**Freibad Simonswald** www.freibad-simonswald.de Mai/Sept tägl. 9–19 Uhr, Juni–Aug tägl. 9–20 Uhr Erwachsene 3,50 €, Kinder und Ermäßigte 2 €

Kronenmühle, dahinter Kiosk, Minigolfanlage und Spielplatz

Am Sägplatz gibt es einen großen Parkplatz. Wir starten hier und gehen links am Grillplatz entlang bis zum Bach, dann wieder links bis zu einer Brücke. Wir queren hier den Bach und kommen zum **Eiskeller**. Auch bei hoch-
sommerlichen Temperaturen
spürt man vor dem Eingang
die Kälte. In den sogenannten
Eiskellern kühlte man mit Hilfe
von Wasser beispielsweise das
Bier der ansässigen Brauereien.
Diese Besonderheit ist Teil des
Wasseramselwegs, eines The-
menrundwanderwegs (10,5 km),
den man ebenfalls vom Sägplatz
aus starten kann. Der Weg steigt

TIPP

Besuchenswert ist auch das alte **Dorfmuseum in Obersimonswald**. Hier können die Kinder hautnah erleben, wie es auf den Höfen im Schwarzwald zugegangen ist. Vor allem Geräte und Werkzeug aus alter Zeit, teilweise 150 Jahre alt, sind hier ausgestellt. Wie die Ölmühle wird auch das Dorfmuseum vom Simonswälder Brauchtumsverein betrieben. Führungen für Gruppen ab 10 Personen sind nach Absprache möglich. Öffnungszeiten Ölmühle und Dorfmuseum: Ostern–Allerheiligen Do u. Sa 13.30–17 Uhr. Sonderöffnungszeiten für Gruppen ab 10 Personen auf Anfrage Tel. 07683 / 90 92 57 oder 255

an und wir kommen nach etwa 1 km zur historischen **Ölmühle**, einem wunderschön restaurierten Mühlengebäude aus dem 18. Jahrhundert. Die Mühle wird vom Simonswälder Brauchtumsverein gepflegt und bewirtschaftet. Donnerstags und samstags ist die Mühle geöffnet, wobei donnerstags auch Backtag ist.

Wir folgen von der Ölmühle aus der Wegmarkierung für den **Mühlenwanderweg**, queren die Straße und gehen ein kurzes Stück Richtung Simonswald/Ortsmitte zurück. Wir biegen in die Straße „Unterer Felsen" rechts ab. Nun geht es auf schmalem Pfad steil bergauf durch den Wald. Wir folgen der Beschilderung für den Mühlenrundwanderweg über einen Hof und dann links einen Grasweg entlang. Wir kommen zum **Fallerhof**, gehen weiter links die Straße „Am Neuenberg" hinunter und bei der nächsten Gelegenheit rechts auf asphaltiertem Weg den Schildern nach, bis wir zu einem Bach kommen. Hier geht es am **Dobelbächle** entlang recht steil und spannend hinauf zur **Wehrlehof-Mühle**. Die Mühle ist zugänglich und kann besichtigt werden. Wir gehen weiter am Teich vorbei, der als Wasserspeicher für die Mühle diente. Wir kommen zu einer asphaltierten Straße, gehen hier links und immer geradeaus bis zur **Hauptstraße**, danach an der Touristen-Info vorbei zurück zum Parkplatz, wo sich die Kinder nochmals auf dem Spielplatz austoben können, während die Eltern am Kiosk eine schöne Tasse Kaffee trinken. Die **Kronen-Mühle**, die direkt an den Kiosk grenzt, kann auch besichtigt werden. Fragen Sie im Kiosk

TIPP

Wer im wunderschönen Simonswälder Tal nur einen Spaziergang machen möchte, dem sei **Simons Wunderfitzweg** empfohlen. Dieser Themenweg ist nur 1,8 km lang, weist kaum Steigung auf und gerade für Kinder gibt es einige Schwarzwälder Spezialitäten zu entdecken. Startpunkt ist an den Tennisplätzen/ Nähe Sägplatz.

nach dem Schlüssel. An heißen Tagen bietet das Freibad Simonswald eine willkommene Abkühlung.

Idyllisches Simonswälder Tal

14 | Ausflug
Triberg – Typisch Schwarzwald

ÖPNV

ab Freiburg Hbf mit dem Zug nach Offenburg, ab dort weiter mit dem Zug Richtung Konstanz bis Haltestelle Triberg (Fahrzeit ca 1:30 Stunden)

Informationen

Schwarzwaldbahn Erlebnispfad

Ausgangs- und Endpunkt ist der Bahnhof Triberg. Der Erlebnispfad ist in zwei Teilstrecken mit jeweils 6 km geteilt. Der „Untere Erlebnisweg" führt übrigens an der weltgrößten Kuckucksuhr vorbei. Beide Weg sind nicht kinderwagengeeignet. Eine kostenlose Übersichtskarte können Sie sich unter www.schwarzwaldbahn-erlebnis-pfad.de herunterladen.

Wasserfälle

Erwachsene 4 €, Kinder ab 8 J. 3,50 €, Familienkarte 9,50 €

Forest Fun Naturhochseilgarten

www.forestfun.de
April–Nov Mo–Fr 13–18 Uhr, Sa, So, Feiertage und Ferien 10–18 Uhr; Preise für 2 Stunden inkl. Ausrüstung: Erwachsene 15 €, Kinder unter 16 J. 12 €, Kleinkindparcours ab 4 J. 6 €

Schwarzwaldmuseum

www.schwarzwaldmuseum.de
Ostern–Sept tägl. 10–18 Uhr, Okt–Ostern Di–So 10–17 Uhr; Erwachsene 6 €, Familienkarte 13 €

Eble Uhren-Park

www.uhren-park.de
Ostern–Okt Mo–Sa 9–18 Uhr, So 10–18 Uhr,
Nov–Ostern Mo–Sa 9–17.30 Uhr, So 11–17 Uhr

Triberg ist eines der beliebtesten Ausflugsziele im Schwarzwald. Zu allen Jahreszeiten sind die **Triberger Wasserfälle** ein beeindruckendes Erlebnis. Über sieben Fallstufen stürzt hier die Gutach ins Tal. Am Haupteingang kann man Erdnüsse kaufen, um Eichhörnchen zu füttern, die in der Gegend um den Wasserfall zu Hause sind. Aber auch die vorwitzigen Tannenhäher, hübsche weiß-getüpfelte Waldvögel, nehmen die Erdnüsse gern an. Von hier aus führt ein Weg entlang der Wasserfälle recht steil nach oben.

Ein Tannenhäher

In der Saison ist auf den Wegen rund um die Wasserfälle einiges los. Es stehen drei **Themenwege** zur Auswahl, um die Wasserfälle und den Wald rundherum zu erkunden. Der Kaskadenweg führt entlang der Wasserfälle, der Kulturweg verbindet die Wasserfälle mit Sehenswürdigkeiten im Ort und auf dem Naturpfad erfahren Sie Wissenswertes über Pflanzen und Tiere im Schwarzwald. Einen Übersichtsflyer können Sie sich auf www.triberg.de, Stichworte Tourismus & Freizeit, Natur-Erlebnis herunterladen.

Für tobefreudige Entdecker gibt es vom Haupteingang gesehen rechts den **Naturerlebnispark**, einen Waldspielplatz mit vielen Klettermöglichkeiten. Wer es abenteuerlich mag, kann den Besuch der Wasserfälle auch mit einem Klettererlebnis verbinden. Im **Forest Fun Naturhochseilgarten** gibt es Kletterparcours verschiedener Schwierigkeitsgrade, auf denen sich die Kinder erproben können. Der Hochseilgarten ist nur zu Fuß zu erreichen. Von den Wasserfällen aus ist der Weg gut ausgeschildert. Wer direkt zum Klettergarten möchte, parkt am besten am Scheffelparkplatz an der B 500 und geht dann Richtung Wasserfälle, bzw. folgt der Beschilderung. Einen detaillierten Anfahrtsplan finden Sie unter www.forestfun.de/Lageplan.html.

Die Wasserfälle sind aber nicht alles, was Triberg zu bieten hat. Das **Schwarzwaldmuseum** ist auf jeden Fall einen Besuch wert. In dem ansprechend gestalteten Museum bekommt man einen Einblick

Größte Kuckucksuhr?
Egal, auf jeden Fall beeindruckend!

in das bäuerliche Leben und die Handwerkstraditionen im Schwarzwald. Speziell für Kinder wird hier eine Rallye durch das Museum angeboten; fragen Sie an der Kasse. Wo es um den Schwarzwald geht, darf die Kuckucksuhr natürlich nicht fehlen. Im **Eble Uhren-Park** steht die angeblich größte Kuckucksuhr der Welt – ob es stimmt, ist vielleicht nicht so wichtig, denn die Uhr ist wirklich beeindruckend. Allein der Kuckuck wiegt 150 kg. Das Uhrwerk, im Maßstab 60 : 1 nachgebaut, kann gegen 2 € Eintritt besichtigt werden. In Schonach steht übrigens die „erste weltgrößte Kuckucksuhr". Diese ist nicht minder beeindruckend und ein Ausflug nach Schonach lohnt sich. Wer sich für die Geschichte der Schwarzwalduhren interessiert, sollte auf jeden Fall das **Uhrenmuseum in Furtwangen** besuchen. Mit Kindern können Sie sich hier auf eine sehr kurzweilige Rallye durch die Geschichte der Zeitmessung begeben. Das Museum bietet auch Themennachmittage für Kinder (siehe auch S. 79f.).

 TIPP

Im Winter bieten die Wasserfälle ein wirklich einmaliges Erlebnis. Jedes Jahr in der Adventszeit eröffnet rund um den Wasserfall der **Triberger Weihnachtsmarkt**. Abends spazieren Sie durch ein Lichtermeer, können mit den Kindern Stockbrot backen und genießen die Feuershow.

Triberg liegt zudem an der Strecke der **Schwarzwaldbahn** und hat dem Bau einen Themenweg gewidmet, der, landschaftlich wunderschön, nicht nur für Eisenbahnfreunde interessant ist.

15 | Ausflug
Hochburg Emmendingen –
Ritterlich zu Berge

Einst strategisch sehr bedeutend, heute steinerner Zeuge einer längst
vergangenen Zeit – die Burg- und Festungsruine Emmendingen ist allein
wegen ihrer beeindruckenden Größe sehenswert. Die Kinder können
geheimnisvolle Nischen und Gänge durchstöbern und man genießt eine
herrliche Aussicht auf den Schwarzwald und das Oberrheintal. Die
Hochburg Emmendingen kann man auf eigene Faust erkunden oder eine
Führung buchen. Im Burgmuseum bekommt man einen Eindruck vom mittelalterlichen Alltagsleben: Wie schwer war eine Kanonenkugel, wieviel
kostete ein Festmahl, wie wurde eigentlich gekocht und wieviel verdiente
ein Bürgermeister? Das Museum ist zwar klein, aber allemal spannend.
Ein Vesper und Getränke bekommt man am Kiosk in der Oberburg. Vor
der Brücke und dem Burgeingang gibt es Tische und Bänke und auch eine
befestigte Feuerstelle. Die Ruine ist frei zugänglich.

ÖPNV   ab Freiburg Hbf mit der RB Richtung Offenburg bis
Haltestelle Emmendingen, dann weiter mit dem Stadt-
bus 5 bis Haltestelle Windenreute/Bergstraße, ab da
ca. 15 Minuten Fußweg bis zur Hochburg
(Fahrzeit ca. 50 Minuten)

Information   **Hochburg Emmendingen**
Innenburg tägl. 7–21 Uhr bzw. bis Einbruch der
Dunkelheit, Burgmuseum April–Okt So und Feiertag
13–17 Uhr, Eintritt frei
Führungen für Gruppen nach Vereinbarung:
Rolf Brinkmann, ☎ 0 76 63 / 16 24

Ausgangspunkt Walderlebnispfad Wieselweg
Waldspielplatz am Ende der Gartenstraße, hinter dem
Kreiskrankenhaus Emmendingen; eine genaue Beschrei-
bung können Sie kostenlos unter www.emmendingen.de,
Stichwort Wandern herunterladen.

Unterhalb der Burg, an der Panoramastraße, gibt es einen Parkplatz. Hier geht es los. Dem Weg immer bergauf folgend, kommen wir an Streuobstwiesen und Viehweiden vorbei zur Burg. Wer nach der Burgbesichtigung noch Zeit hat, dem sei der **Walderlebnispfad Wieselweg** in Emmendingen empfohlen. Der Waldspielplatz ist toll. An den einzelnen Erlebnisstationen ist Geschicklichkeit gefragt. Die Kinder klettern, balancieren, toben und rätseln bis zum **Eichbergturm**, dem Zielpunkt des 1,5 km langen Pfades. Und danach kann man in Emmendingen beispielsweise ganz gut im Campus (Am Sportfeld 10) einkehren. Es gibt günstige Kindergerichte und einen Spielplatz.

16 | Ausflug
Waldkirch –
Da ist für jeden was dabei

Im Elztal, am Fuß des 1241 m hohen Kandels, liegt die Kreisstadt Waldkirch. Wie der Name schon sagt, spielen der Wald und die Natur eine wichtige Rolle. Es gibt nicht nur viele schöne Wandermöglichkeiten, sondern auch eine große Zahl und Vielfalt an Freizeitaktivitäten gerade für Familien mit Kindern – mehr als genug für einen Tag!

ÖPNV ab Freiburg Hbf mit dem BSB-Zug Richtung Elzach bis Haltestelle Waldkirch/Bahnhof, ab da ca. 15 Minuten Fußweg bis zum Schwarzwaldzoo (Fahrzeit ca. 20 Minuten)

Sehenswert **Elztalmuseum**
Ostersonntag–Okt Di–Sa 15–17 Uhr, So 11–17 Uhr, Nov–Ostersamstag Mi, Fr, Sa 15–17 Uhr, So 11–17 Uhr Erwachsene 4 € (mit Orgelführung 6 €), Kinder ab 6 J. 1 € (mit Orgelführung 2 €), Familienkarte 8 € (mit Orgelführung 12 €)

Im **Schwarzwaldzoo** kommen eher jüngere Kinder auf ihre Kosten. Auf einem knapp 1 km langen Rundweg kann man in den Außengehegen Hirsche, Ziegen, Lamas, Alpakas, Luchse, Waschbären und viele andere Tierarten beobachten. Im oberen Teil befindet sich ein Spielplatz; Tische und Bänke stehen für ein Picknick bereit. Es gibt auch eine offene Grillstelle, die nach Absprache genutzt werden kann. Gleich daneben befindet sich der Streichelzoo, in dem Ziegen auf mutige Kinder warten. Steil am Hang gelegen, hat man vom Schwarzwaldzoo aus einen schönen Blick auf die **Kastelburg**.

Marktplatz in Waldkirch

Unweit vom Schwarzwaldzoo befindet sich der **Stadtrainsee**. Hier kann man Tretboote mieten, Minigolf spielen oder den Blick auf den See genießen, beispielsweise von der Sonnenterrasse des Cafés Stadtrainsee mit Spielplatz direkt daneben. Vom See sind es wenige hundert Meter zum **Baumkronenweg**. Am besten geht man vom See aus über den **Sinnesweg** hinauf. Der Startpunkt für den Sinnesweg liegt zwischen Schwarzwaldzoo und Stadtrainsee und ist gut ausgeschildert. An den 25 Stationen, wie etwa bei der Tierspurensuche, ist Aufmerksamkeit gefragt; die Kinder erfahren auf unterhaltsame Weise Interessantes über den Wald, seine Bewohner und die Stadt

Waldkirch. Oben angekommen, gibt es beim Waldkiosk auch einen kleinen Barfußpfad und einen Spielplatz; beides gehört zum Baumkronenweg. Dann geht es hoch hinauf. In 23 m Höhe spaziert man zwischen den Baumwipfeln von Wissensstation zu Wissensstation. Ganz besonders Mutige können anschließend die **Riesenröhrenrutsche** zurück zum Ausgangspunkt hinunterrutschen. Ältere Kinder werden sicher auf dem **Abenteuerweg** jede Menge Spaß und Action haben. Ausgangspunkt hierfür ist ebenfalls der Waldkiosk.

Beliebtes Ausflugsziel: der Stadtrainsee

Wer in Waldkirch wandern möchte, dem sei die **Kastelburg** empfohlen. Die Ruine thront über der Stadt Waldkirch und bietet den Besuchern eine fantastische Aussicht auf Waldkirch, das Elztal, den Kandel und die Rheinebene.

Mitte des 13. Jahrhunderts bauten die Herren von Schwarzenberg die **Kastelburg** sowie – auf der gegenüberliegenden Talseite gelegen – die **Schwarzenburg**, um das Elztal an dieser Stelle kontrollieren und verteidigen zu können. Mitte des 14. Jahrhunderts starb das

Geschlecht aus und die Burg wurde für 2140 Silberlinge an den Ritter Martin Malterer von Freiburg verkauft. Später ging sie in den Besitz der Staufer über. Im Dreißigjährigen Krieg wurde die Burg zerstört, um sie nicht den herannahenden Schweden zu überlassen.

Speziell für Kinder wurde der **Ritterpfad** angelegt. Hier warten acht Ritterfiguren mit spannenden Geschichten rund um das Ritterleben auf die Kinder. Von Waldkirch aus können Sie beispielsweise am Bahnhof starten. Wir folgen zunächst der Beschilderung „Fußweg zur Burg" und kommen nach etwa 500 m zu einer Übersichtstafel. Der eigentliche Ritterpfad beginnt am Wanderparkplatz, ist etwa 1 km lang und gut beschildert.

Auch rund um den Kandel gibt es zahlreiche attraktive Wandermöglichkeiten. Weitere Infos und Übersichtskarten finden Sie unter www.kandelbergland.de/tourenvorschlaege.html.

Für Kulturinteressierte gibt es eine spannende Ausstellung im **Elztalmuseum**. Stadtgeschichte, Waldkircher Orgelbau, Musikautomaten oder das Handwerk der Edelsteinschleiferei sind nur einige der Ausstellungsthemen. Der Orgelbau machte Waldkirch in der Welt berühmt und ist auch heute noch ein wichtiger Wirtschaftszweig. Alle drei Jahre feiert Waldkirch mit dem international besuchten Orgelfest seine Orgelbautradition. Weitere Infos hierzu unter www.orgelfest-waldkirch.de.

Beim Internationalen Orgelfest klingt Waldkirch aus allen Straßen.

69

Weitere Ausflugsziele in Freiburg

Museen

Für fleißige Museumsgänger lohnt sich der Oberrheinische Museumspass. Das ist eine Jahreskarte für 180 Museen in Deutschland, im Elsass und der Schweiz. Weitere Infos unter www.museumspass.com. Bei den Städtischen Museen Freiburg informieren Sie sich bitte über aktuelle Veranstaltungen, Angebote und Führungen unter www.freiburg.de/pb/,Lde/265394.html. Jeden Sonntag um 14 Uhr wird in einem der Museen eine Familienführung oder eine spezielle Veranstaltung für Familien angeboten. Wenn Sie mehrere der Städtischen Museen besuchen möchten, können Sie ein Kombiticket erwerben. Fragen Sie an der Kasse!

Archäologisches Museum Colombischlössle
Rotteckring 5
79098 Freiburg
☎ 07 61 / 2 01 25 71
Di–So 10–17 Uhr
Erwachsene 3 €, ermäßigt 2 €
In der Dauerausstellung werden Funde von der Altsteinzeit bis hin zum Frühmittelalter gezeigt. Es werden regelmäßig Familienführungen angeboten.

Augustinermuseum
Augustinerplatz
79098 Freiburg
☎ 07 61 / 2 01 25 31
Di–So 10–17 Uhr
Erwachsene 7 €, ermäßigt 5 €
In der ehemaligen Klosterkirche werden Kunst vom Mittelalter bis zum Barock ausgestellt sowie Malereien aus dem 19. Jahrhundert, Skulpturen, Hinterglasmalerei, Bildteppiche und Tafelmalerei bekannter Künstler. In der Schatzkammer sind bedeutende Arbeiten der Gold- und Silberschmiedekunst zu bewundern. Im ehemaligen Kreuzgang gibt es ein schönes Café.

Museum für Neue Kunst
Marienstraße 10a
79098 Freiburg
☎ 07 61 / 2 01 25 83
Di–So 10–17 Uhr
Erwachsene 7 €, ermäßigt 5 €
In der Dauerausstellung werden bedeutende Werke der Klassischen Moderne gezeigt, so beispielsweise Werke von Otto Dix, Karl Hofer, August Macke oder Paula Modersohn-Becker.

Museum für Stadtgeschichte im Wentzingerhaus
Münsterplatz 30
79098 Freiburg
☎ 07 61 / 2 01 25 15
Di–So 10–17 Uhr
Erwachsene 3 €, ermäßigt 2 €
Im spätbarocken Wentzingerhaus werden 900 Jahre Stadtgeschichte

lebendig. Stadtgründung, die bauliche Entwicklung Freiburgs und das Leben der Bürger und Handwerker sind nur einige der Ausstellungsthemen.

Museum Natur und Mensch

Gerberau 32
79098 Freiburg
☎ 07 61 / 2 01 25 66
10–17 Uhr geöffnet
Erwachsene 5 €, ermäßigt 3 €
Zu sehen und erleben gibt es eine Ausstellung über Lebensräume. Im „Zeitraum" und „Steinreich" erfährt man Wissenswertes zu Geologie und Bodenschätzen in der Region. Im Mittelpunkt der Sonderausstellung steht die Ethnologie. Es werden immer wieder Familiennachmittage angeboten.

Planetarium

Bismarckallee 7g
79098 Freiburg
☎ 07 61 / 3 89 0 30
www.planetarium-freiburg.de
Bitte informieren Sie sich im Internet über Veranstaltungen.
Erwachsene 7,50 €, ermäßigt 5 €, Familienkarte 12 €
Lassen Sie sich in die unendlichen Weiten unseres Universums entführen. Das Planetarium bietet regelmäßig Familienveranstaltungen an.

KinderKünstlerKunst

www.kunstvereinfreiburg.de
Der Kunstverein Freiburg bietet regelmäßig Workshops für Kinder zu zeitgenössischen Ausstellungen an.

Freiburger Fasnetmuseum

Zunfthaus der Narren
Turmstrasse 14
79098 Freiburg
fasnetmuseum@breisgauer-narren-zunft.de
Sa 10–14 Uhr
Hier sind die Narrentypen der Breisgauer Narrenzunft zu sehen. Führungen nach Vereinbarung.

Schwimmbäder

Unter www.badeninfreiburg.de können Sie sich über die Angebote der einzelnen Bäder informieren.

Freibad St. Georgen

Am Mettweg 42
79111 Freiburg
☎ 07 61 / 2 10 55 80
Mo–Fr 10–20:30 Uhr,
Sa u. So 9–20 Uhr
Erwachsene 4,50 €, ermäßigt 3 €
Familienbad mit großem Liege- und Spielbereich

Lorettobad

Lorettostraße 51a
79100 Freiburg,
☎ 07 61 / 2 10 55 70
Mo–Fr 10–20:30 Uhr,
Sa u. So 9–20 Uhr
Erwachsene 4 €, ermäßigt 2,70 €
Schönes Jahrhundertwende-Bad mit großer Liegewiese, separatem Damenbad und Familienbereich

Weitere Ausflugsziele in Freiburg

Strandbad
Schwarzwaldstraße 195
79117 Freiburg
☎ 07 61 / 2 10 55 60
Mo–Fr 7–21 Uhr, Sa u. So 9–20 Uhr
Erwachsene 4 €, ermäßigt 2,70 €
Das Strandbad ist Freiburgs größtes Freibad mit vielen Attraktionen für Kinder, wie zum Beispiel die über 90 m lange Röhrenrutsche.

Faulerbad
Faulerstraße 1
79098 Freiburg
☎ 07 61 / 2 01 23 70
Mo–Fr 13–22 Uhr (für Frühschwimmer auch 6–8 Uhr), Sa 10:30–19 Uhr, So 9–18 Uhr
Fr 8–13 Uhr Schwimmen für werdende Mütter, jeden 1. Sa Nachmittag im Monat Kinderspielnachmittag
Erwachsene 4,50 €, ermäßigt 3 €

Hallenbad Haslach
Carl-Kistner-Straße 67
79115 Freiburg
☎ 07 61 / 2 10 55 20
Mo–Fr 14–21 Uhr, Sa u. So 9–20 Uhr
Erwachsene 4,50 €, ermäßigt 3 €
Sport- und Spaßbad, 5-m-Sprungturm, Saunabereich

Hallenbad Hochdorf
Hochdorfer Straße 16b
79108 Freiburg
☎ 07 61 / 2 10 55 50
Di u. Do 15–20 Uhr, Fr 18–21 Uhr,
Sa 12–18 Uhr, So 8.30–13 Uhr
Do 9.30–11 Uhr Schwimmen für Senioren und werdende Mütter,

Fr 15–18 Uhr Spielnachmittag
Erwachsene 4,50 €, ermäßigt 3 €
25 m-Becken, Kinderrutschbahn, Außenbereich

Hallenbad Lehen
Lindenstraße 4
79110 Freiburg
☎ 07 61 / 8 52 42
Di 14–18 Uhr, Mi 14–17 Uhr,
Do 14–19 Uhr, Fr 14–20 Uhr,
Sa 10–18 Uhr
Erwachsene 4,50 €, ermäßigt 3 €
Nettes kleines Familienbad, jeden Samstag von 11–17 Uhr Kinderspielnachmittag

Westbad
Ensisheimer Straße 9
79110 Freiburg
☎ 07 61 / 2 10 55 10
Mo, Mi, Fr 10–21 Uhr, Di u. Do 7–21 Uhr,
Sa u. So 10–18 Uhr
Erwachsene 4,50 €, ermäßigt 3 €
Sportbad mit 50 m-Becken, spezielle Angebote wie Meerjungfrauenschwimmen

Indoorspielplätze

KinderGalaxie GmbH
Basler Landstraße 17
79115 Freiburg
☎ 07 61 / 40 14 08 00
www.kinder-galaxie.de
Mo–Fr 14–19 Uhr, Sa, So, Feiertage u. Ferien 10–19 Uhr, Mi geschlossen
Kinder ab 2 J. 4,50 €, Kinder ab 3 J. 9 €,

pro gezahltem Kindereintritt ist eine erwachsene Aufsichtsperson frei Sondertarife am Wochenende und am Abend. Bitte informieren Sie sich im Internet.

Großer Hallenspielplatz mit Trampolinen, Kletterlabyrinth, Rutschen, Fahrzeugen, Boulder Wand u. v. m. Achtung: Sockenpflicht! Es können auch Übernachtungspartys und Kindergeburtstage gebucht werden.

Kino in Freiburg

Kommunales Kino Freiburg e.V.
Urachstraße 40
79102 Freiburg
☎ 07 61 / 4 59 80 00
www.koki-freiburg.de
Schönes Kino im alten Wiehre-Bahnhof, Filme abseits vom Mainstream, am Wochenende Kinderkino

CinenemaxX Freiburg
Bertoldstraße 50
79098 Freiburg
☎ 0 40 / 80 80 69 69
www.cinemaxx.de
14 m lange Tunnelrutsche für Kinder, Sonntag ist Familientag (Erwachsene zahlen Kinderpreis)

Friedrichsbau Kino
www.friedrichsbau-kino.de
Freiburger Independent Kinos; hierzu gehören mehrere Kinos mit einem abwechslungsreichen Begleitprogramm

Veranstaltungsort des Freiburger Kinderfilmfestivals
Jeden 2. Mi im Monat ist Mama-Kino: Nachmittagsvorstellung, Kinderwägen dürfen mitgebracht werden
So u. Feiertag ist Familientag (Eintritt auch für Erwachsene 5 €)
In folgenden Kinos:

Kino Harmonie
Grünwälderstraße 16–18
79098 Freiburg
☎ 07 61 / 3 86 65 21

Kino Friedrichsbau und Apollo
Kaiser-Joseph-Straße 268–270
79098 Freiburg
☎ 07 61 / 3 60 31

Kino Kandelhof
Kandelstraße/Ecke Rennweg
79106 Freiburg
☎ 07 61 / 28 37 07

Theater in Freiburg

Theater Freiburg
Bertoldstraße 46
79098 Freiburg
☎ 07 61 / 20 10
www.theater.freiburg.de
Im „Jungen Theater Freiburg" wird Theater mit und für Kinder und Jugendliche gemacht.

Cala Theater e.V.
Haslacher Straße 15
79115 Freiburg

☎ 07 61 / 44 18 17
www.cala-theater.de
Humorvoll gestaltetes Kindertheater, Workshops und Ferienschauspielkurse für Kinder und Jugendliche

Theater im Marienbad

Marienstraße 4
79098 Freiburg
☎ 07 61 / 3 14 70
www.marienbad.org
Freiburger Kinder- und Jugendtheater

Freiburger Puppenbühne

wechselnde Veranstaltungsorte, aktuell unter
www.freiburger-puppenbuehne.de
Klassisches Handpuppenspiel lässt Kinderherzen höher schlagen

Cargo-Theater

Blücherstraße 13
79110 Freiburg
☎ 07 61 / 80 71 36
www.cargo-theater.de
Neben Abendvorstellungen für Erwachsene gibt es auch Kinder- und Jugendtheater, zum Teil bilingual (französisch-deutsch) in Kooperation mit Colmar und Strasbourg

Kindertheater im Vorderhaus der Fabrik

Habsburgerstraße 9
79104 Freiburg
Kartenservice:
☎ 07 61 / 5 03 65 44
www.vorderhaus.de
Neben anderen Veranstaltungen

Sept–Mai Sa u. So. Gastbühne für Kindertheater und Figurentheater

Wallgraben Theater

Rathausgasse 5a
79098 Freiburg
☎ 07 61 / 2 56 56
www.wallgraben-theater.com
Spielt vor allem Klassiker in Abendvorstellung

Parks und Grünanlagen (Auswahl)

Stadtgarten

Kleiner Park am nordwestlichen Rand der Freiburger Altstadt. Rosengarten, Spielplatz, kleiner Ententeich; hier befindet sich auch die Talstation der Schlossbergbahn

Schlossberg

Zahlreiche Spazierwege und Aussichtspunkte, 2 Spielplätze, Gaststätten, siehe S. 16f.

Möslepark

Im Osten Freiburgs gelegen, älteste Parkanlage der Stadt, schöne Spazierwege rund um den Waldsee, Waldlehrpfad, Bootsverleih, Uferterrasse mit Bewirtung, Jugendverkehrsschule

Dietenbachpark

Schöner Badesee mit großer Liegewiese, Rollschuhanlage, Grillplatz, Abenteuerspielplatz,

Seepark

Der Park liegt im Westen Freiburgs und ist im Rahmen der Landesgartenschau 1986 gestaltet worden. Heute beliebtes Naherholungsgebiet mit Japangarten, Spielplatz, Badesee, Aussichtsturm, Minigolf, Bewirtung direkt am See, Bootsverleih u. v. m.

Rieselfeld

Das Gebiet diente früher zur Verrieselung der städtischen Abwässer. Heute ist es Naturschutz- und beliebtes Naherholungsgebiet im Westen der Stadt. Auf einem rund 5 km langen Naturlehrpfad kann man Wissenswertes über Flora und Fauna erfahren.

Direkt angrenzend: der Opfinger Baggersee und der Tier-Natur-Erlebnispark Mundenhof.

Weitere Freizeitmöglichkeiten in Freiburg

Mundenhof

Schöne, weitläufige Anlage mit Gehegen für Haus- und Nutztierrassen aus aller Welt, Spielplätze, Gastwirtschaft. In der Bildungs- und Freizeiteinrichtung KonTiKi können die Kinder im Rahmen verschiedener Projekte Natur mit allen Sinnen erleben. Hier werden Themennachmittage und Ferienfreizeiten angeboten und Feste gefeiert, z. B. das Sonnenwend- oder Kürbisfest. Aktuelle Veranstaltung finden Sie unter www.freiburg.de/pb/,Lde/265917.html. Der Mundenhof ist ganzjährig frei zugänglich. Mit der Parkgebühr (5 €) unterstützen Sie den Park.

🚌 Bus Linie 19 fährt dreimal täglich zum Mundenhof

WaldHaus Freiburg

Wonnhaldestraße 6
79100 Freiburg
☎ 07 61 / 89 64 77 10
www.waldhaus-freiburg.de
März–Okt Di–Fr 10–17 Uhr,
Nov–Feb Di–Fr 10–16.30 Uhr,
So u. Feiertag 12–17 Uhr
Das WaldHaus ist eine umweltpädagogische Einrichtung mit einem breitgefächerten Angebot zum Thema Wald und Natur. So werden neben Ausstellungen, Familienbacktagen, Tiertheater, Geocaching, Schnitzkursen, Pilzexkursionen u. v. m. auch Ferienbetreuung und Programm für

Kindergeburtstage angeboten. Sonn-
und Feiertags kann man von 14 bis 17
Uhr im Café der Einrichtung schlem-
men.

Abenteuerspielplatz Freiburg
Bugginger Straße 81b
79114 Freiburg
☏ 07 61/ 44 51 66
www.freiburg.de/abenteuerspielplatz
Der Spielplatz liegt im Stadtteil
Weingarten am Dietenbachpark. Die
Kinder können hier nach Herzenslust
toben, bauen, basteln, werkeln und
am See spielen. Ziegen, Hühner und
Esel gibt es auch. Neben Angeboten
für Kindergärten und Schulen gibt es
auch offene Stunden:
Im Sommer Di–Fr 14–18 Uhr
Im Winter Di–Fr 14–17 Uhr
Es werden Ferienfreizeiten und The-
mennachmittage angeboten und
Feste gefeiert.
🚈 S-Bahn Linie 3 Haltestelle Bug-
gingerstraße

Botanischer Garten der Universität Freiburg
Schänzlestraße 1
79104 Freiburg
☏ 07 61 / 2 03 28 72
www.botanischer-garten.uni-frei-
burg.de
Freigelände tägl. 8–18 Uhr,
Schaugewächshäuser Mo–Do
12–16 Uhr, So 14–16 Uhr
Für Kinder gibt es eine Rätselschatz-
suche für verschieden Altersstufen
und zu wechselnden Themen
Eintritt frei

Bei Interesse bitte im Sekretariat
melden unter s. o. oder
☏ 07 61 / 2 03 28 79.

Kamelberg im Dreisamtal
Der kahle Bergrücken befindet sich
zwischen Freiburg/Kappel und Kirchzarten
Ausflug in die Fantasiewelt des
Künstlers Thomas Rees. Hier erwarten die kleinen Wanderer eine Natur-
krippe, skurrile Geschöpfe und fantastische Fabelwesen. Äste, Wurzeln und Stämme erwachen zum
Leben und verzaubern den Betrach-
ter. Viele Wege führen zum Ziel. Starten Sie beispielsweise in Kappel und
gehen Sie zunächst Richtung Erzwä-
scherei den Berg hoch, dann rechts
halten. Weitere Wegbeschreibun-
gen finden Sie unter www.freiburg-
schwarzwald.de/kamelberg.htm.

Weitere Ausflugsziele südlich und nördlich von Freiburg

Museumsbergwerke

Silberbergwerk Suggental
Talstraße
79183 Waldkirch
www.silberbergwerk-suggental.com
Die Gemeinde Suggental gehört zu Waldkirch und liegt im Seitental der Elz.
Führungen auf Anfrage, wenige Führungen ohne Anmeldung; aktuelle Termine im Internet. Jedes Jahr findet am 2. Septemberwochenende ein Stollenfest statt.

Museums-Bergwerk am Schauinsland
siehe S. 22f.

Besucherbergwerk Finstergrund
79695 Wieden
☎ 0 76 73 / 14 56
www.finstergrund.de
Die Grube Finstergrund bei Wieden im Schwarzwald ist ein ehemaliges Silber- und Bleibergwerk.
Mai–Okt Sa, So u. Feiertags 10–16 Uhr, Juli–Sept auch Mi
Erwachsene 7 €,
Kinder ab 6 J. 4,50 €

Ausflugsrestaurants

Burgruine Schneeburg
Die Ruine befindet sich auf dem Schönberg. Sie liegt zwischen Uffhausen, Ebringen und dem Freiburger Stadtteil St. Georgen. Ein guter Ausgangspunkt, um mit Kindern die Ruine zu erkunden, ist das Gasthaus Schönberghof, wo man sich nach einer Erkundung in der Gartenwirtschaft stärken kann. An der Schneeburg vorbei führt auch der gut 4 km lange Naturlehrpfad.

Gasthaus Schönberghof
Unterer Schönberghof 1
79285 Ebringen
☎ 0 76 64 / 72 22
www.gasthaus-schoenberghof.de
Mi–Sa ab 12 Uhr, So u. Feiertag ab 11 Uhr, Di ab 15 Uhr, Mo Ruhetag, Okt–Mai Di ebenfalls Ruhetag

Waldrestaurant St. Valentin
Valentinstraße 100
79100 Freiburg
☎ 07 61 / 7 07 77 48
www.sanktvalentin.eu
Di–Sa 12–24 Uhr,
So u. Feiertag 11–24 Uhr
Das Ausflugslokal liegt romantisch-schön oberhalb von Günterstal, unterhalb des Schauinsland. Entweder

fahren Sie mit der S-Bahn Linie 2 bis Günterstal Endhaltestelle. Von hier geht es den Berg hinauf Richtung St. Valentin. Oder Sie wandern gute 5 km vom Sternwaldeck (Nähe Wiehre-Bhf) Richtung St. Valentin.

Waldgaststätte St. Ottilien

Kartäuserstraße 135
79104 Freiburg
☎ 07 61 / 6 32 30
www.st-ottilien.com
Mo–Sa ab 12 Uhr, So ab 10 Uhr,
Nov–März Sa ab 12 Uhr, So ab 10 Uhr
Bei schlechtem Wetter geschlossen
So und Feiertag Brunch 10–13 Uhr:
Erwachsene 15 €, Kinder bis 12 J. 7 €,
Kinder bis 6 J. kostenlos,
Reservierung empfohlen!

Hier wurden schon vor 500 Jahren Wallfahrer der nahegelegenen Wallfahrtskapelle St. Ottilien bewirtet. Sie können beispielsweise vom Schlossberg über den Panoramaweg zum Gasthaus wandern. Der Weg ist ab dem Kanonenplatz ausgezeichnet (einfache Strecke 4 km).

Dreisamtal

Hier ist das Samiland. In der Region zwischen Himmelreich und Höllental gibt es viel zu erleben und zu entdecken.

Ein Tag auf dem **Bauernhof** ist für Kinder so spannend wie lehrreich. Auf dem Jungbauernhof in Kirchzarten-Dietenbach können die Kinder ein „Melkseminar" besuchen. Hier geht es um Milch, Melken und die Tiere. Man darf nicht nur zusehen und Fragen stellen, sondern auch selbst das Melken probieren.

Auf dem Schlegelhansenhof in Buchenbach können die Kinder **Ponyreiten**. Sie können auch mit einem Esel auf Wanderung gehen. Unter www.eselwanderungen.de finden Sie alle Infos rund um **Eselwanderungen** und Freizeiten.

Oder wie wäre es mit einer **Übernachtung auf einem Bauernhof**, vielleicht sogar im Heubett? Unter www.dreisamtal.de/de/samiland finden Sie eine umfassende Übersicht der Bauernhöfe und Angebote.

Ein toller **Radweg** führt von Freiburg ins Dreisamtal. Er weist wenig Steigung auf, ist überwiegend asphaltiert und unterwegs gibt es zahlreiche Spiel- und Rastmöglichkeiten. Unter www.schwarzwaldtourismus.de, info/Media/Touren/Dreisamtal-Radwanderweg können Sie sich eine Übersichtskarte und genauere Beschreibung herunterladen.

Das **Dreisambad in Kirchzarten** bietet Spiel- und Wasserspaß an heißen Tagen.

Jungbauernhof

Dietenbach 3
79199 Kirchzarten
☎ 0 76 61 / 12 14
www.jungbauernhof-kirchzarten.de
Bitte melden Sie sich für ein Melkseminar rechtzeitig an!

Schlegelhansenhof
Ibentalstraße 33
79256 Buchenbach
☎ 0 76 61 / 58 58
www.schlegelhansenhof.de
Bitte melden Sie sich fürs Ponyreiten rechtzeitig an!

Dreisambad
Dietenbacher Straße 15
79199 Kirchzarten
☎ 0 76 61 / 6 25 85
www.dreisambad.de
Mitte Mai–Mitte Okt
tägl. 9–19.30 Uhr
Erwachsene 4 €, Kinder 2,20 €

Elztal und Umgebung

Etwa 15 km nördlich von Freiburg gelegen, bietet das Elztal zahlreiche Wander- und Ausflugsmöglichkeiten. Die Elz entspringt nördlich von Furtwangen in der Nähe des Rohardsberg. In Furtwangen lohnt ein Besuch des **Uhrenmuseums**. In der Ausstellung geht es um Zeit und Zeitmesser und natürlich um die Schwarzwalduhr. Für Kinder gibt es eine kurzweilige Rallye und regelmäßig Bastelangebote, fragen Sie an der Kasse.
Am **Rohrhardsberg** gibt es jede Menge toller Wandermöglichkeiten. Einen Flyer mit Tourenvorschlägen können Sie auf der Homepage des Schwarzwaldvereins herunterladen. Das Elztal gilt als Grenze zwischen dem Mittleren Schwarzwald und dem Südschwarzwald. Das Fluss-

tal ist recht dicht besiedelt. Elzach, Winden und Gutach im Breisgau sind die größten Orte im mittleren Elztal. **Elzach** hat zwei Freibäder zu bieten, ein Heimatmuseum, in dem vor allem Fasnachtsfreunde auf ihre Kosten kommen, und jede Menge Wandermöglichkeiten. Tourenvorschläge finden Sie auch unter www.elzach.de/assets/wandern.pdf.
Empfehlenswert hier ist beispielsweise eine **Wanderung zu den Siebenfelsen**, einer mystisch anmutenden Felsformation oberhalb von Elzach-Yach.
In Gutach im Breisgau gibt es einen speziell für Kinder angelegten **Walderlebnispfad**. Ausgangspunkt für den etwa 3 km langen Erlebnisweg ist in Gutach-Bleichbach am Hörnleberg. Alles ist sehr gut ausgeschildert.
Auch Waldkirch liegt an der Elz. Die Stadt bietet gerade für Kinder jede Menge Spaß und Action: einen Kletterpark, Burgruinen und den Schwarzwaldzoo (siehe S. 67).
Elzach, Waldkirch und Gutach im Breisgau gehören zum Landkreis Emmendingen. Emmendingen hat eine wunderschöne Altstadt und eine tolle Burgruine, die **Hochburg** (siehe S. 64f.). Wandervorschläge für die Gegend um Emmendingen finden Sie unter www.emmendingen.de/de/wandern.
Ein toller Ausflugstipp ist auch die **Falknerei** in Herbolzheim-Tutschfelden. Neben einer Flugshow wird hier regelmäßig ein Kinderprogramm angeboten. Informieren Sie sich hierzu

unter www.falknerei-scheuch.de.
Nicht weit von Herbolzheim befindet sich das **Naturschutzgebiet Taubergießen**. Sie können eine Kahnfahrt durch den „letzten Urwald am Oberrhein" unternehmen – ein tolles Erlebnis. Mehr Infos hierzu unter www.taubergiessen.net/kahn.html.

Kanutour auf der Alten Elz

Ab dem Stauwehr Riegel bis Rheinhausen-Oberhausen können Sie Landschaft und Rheinauen vom Wasser aus genießen. Bei den Wasserkraftanlagen und beim Europapark muss ausgesetzt werden. Wer gern eine geführte Tour machen bzw. Kanu und Zubehör mieten möchte, findet z. B. unter www.wildsport-tours.de/kanutouren/termine/elz.php, www.blackforestmagic.de/kanutouren/Riegel-Alte-Elz.html oder www.kanutour24.de Angebote.

Deutsches Uhrenmuseum

Robert-Gerwig-Platz 1
78120 Furtwangen
☎ 0 77 23 / 9 20 28 00,
www.deutsches-uhrenmuseum.de
April–Okt 9–18 Uhr,
Nov–März 10–17 Uhr
Führung: 14 Uhr & nach Vereinbarung
Erwachsene 6 €, Kinder 5 €, Familienkarte 12 € (mit Führung +2 / 4 €)

Städtisches Freibad Elzach

Schwimmbadstrasse 6
79215 Elzach
☎ 0 76 82 / 92 17 81
Je nach Witterung Mai–Sept

tägl. 9–20 Uhr
Erwachsene 3,50 €, Kinder 2 €

Heimatmuseum Elzach-Yach

Dorfstraße 57
79215 Elzach–Yach
So u. Feiertag 15–17 Uhr
freier Eintritt

Höllentalbahn

Mit dem Zug geht es von Freiburg über Kirchzarten und Himmelreich durch das enge, schluchtenartige Höllental. Während der Fahrt hat man tolle Ausblicke: Man kommt am **Hirschsprung** vorbei, einer besonders engen Stelle, wo sich ein Hirsch durch einen mutigen Sprung vor einem Jäger gerettet haben soll, fährt durch zahlreiche Tunnel und über das berühmte **Ravennaviadukt** nach Hinterzarten und weiter bis Titisee-Neustadt. Da wird schon die Fahrt zum Erlebnis!
Lohnenswert ist ein Ausflug zur Ravennaschlucht, einem Seitental des Höllentals (Wandervorschlag siehe unten).
In Hinterzarten gibt es einiges zu sehen: das **Ski-, Feuerwehr und Spielzeugmuseum**. Auf dem Naturerlebnispfad in Hinterzarten sind alle Sinne gefragt: Der 4 km lange Naturerlebnispfad startet am Kurhaus Hinterzarten. Evernius Flechtel, ein Waldwichtel, begleitet uns von Spielstation zu Spielstation. Auf dem 2,5 km langen Hochmoorlehrpfad, Startpunkt ist am Gemeinde-Bauhof, erfährt man Interessantes über Flora

und Fauna dieser besonderen Landschaft. Das **Hinterzartener Moor**, eines der größten im Schwarzwald, kann auch mit einer geführten Wanderung erkundet werden. Infos hierzu bekommen Sie bei der TouristInfo.

Skimuseum Hinterzarten
Hugenhof
Erlenbrucker Straße 35
79856 Hinterzarten
☎ 0 76 52 / 98 21 92
www.schwarzwaelderskimuseum.de
Di, Mi, Fr 14–17 Uhr,
Sa u. So 12–17 Uhr
Jeden 2. und 4. Sa im Monat 15 Uhr offene Führung (Anmeldung nicht erforderlich)
Erwachsene 5 €, Kinder bis 16 J. frei
Im 300 Jahre alten Hugenhof ist Interessantes und auch Kurioses rund um den beliebten Wintersport zu sehen.

Feuerwehrmuseum
Bruderhalde 30
9822 Titisee-Neustadt
☎ 0 76 52 / 91 79 70
www.www.sankt-florian-titisee.de/de/museum
Mo–So 9–16 Uhr, Eintritt frei
Die kleine Ausstellung befindet sich im Feuerwehrhotel Sankt Florian und zeigt vor allem die historische Entwicklung der technischen Feuerwehrausrüstung.

Spielzeugmuseum Hinterzarten Zum kleinen Hannes
Adlerschanze 1
79856 Hinterzarten
☎ 0 76 52 / 98 05 63,
www.spielzeugmuseum-hinterzarten.de
Di u. Do 15–18 Uhr,
So u. Feiertag 14–17 Uhr
Erwachsene 3 €, Kinder ab 5 J. 1,50 €
Kinderspielsachen aus zwei Jahrhunderten auf 70 m² und wechselnde Sonderausstellungen

Ravennaschlucht
Anfahrt: über die B 31 durch das Höllental nach Höllsteig/Wanderparkplatz Hofgut Sternen
Länge: ca. 1,5 km einfache Strecke
Spannende Wanderung durch die wildromantische Ravennaschlucht. Ausgangspunkt ist der Wanderparkplatz am Hofgut Sternen. Wir gehen an der Glasbläserei vorbei, unterqueren das eindrucksvolle Eisenbahnviadukt und tauchen ein in die moosigkühle Atmosphäre der Schlucht.

Dann geht es über schmale Pfade, Treppen, Brücken und Stege, vorbei an der Großjockenmühle, einer alten Bauernmühle, hinauf zur ehemaligen Löffelschmiede (Gasthaus Ketterer), wo man an einem Kiosk Getränke und kleine Speisen bekommt. Zurück am Hofgut Sternen besteht ebenfalls eine Einkehrmöglichkeit im SB-Restaurant oder im Gasthaus. Vielleicht haben Sie ja noch Lust, den Glasbläsern über die Schulter zu schauen oder die riesengroße Kuckucksuhr zu bewundern. Die Schlucht sollte nur bei guter, trockener Witterung begangen werden. Gutes Schuhwerk und vernünftiges Verhalten sind ein Muss!

Privatpension Ketterer (Löffelschmiede)
Ravennaschlucht 62
79856 Hinterzarten
☎ 07652 1494

Hofgut Sternen
Höllsteig 76
79874 Breitnau
☎ 0 76 52 / 90 10
www.hofgut-sternen.de/
Glasmanufaktur im Hofgut:
Tägl. 9–17.30 Uhr
Glasbläservorführung
Schauwerkstatt

Winterspaß in Freiburg und Umgebung

Der Winter im Schwarzwald, früher für die Bewohner eine harte, dunkle Zeit, bietet heute jede Menge Spiel-, Spaß- und Sportmöglichkeiten für Groß und Klein. Ob bei einem Winterspaziergang, beim Rodeln, Skifahren oder Schneemann bauen – genießen Sie auch im Winter das Draußensein mit der Familie! Die Möglichkeiten sind vielfältig. Eine gute Übersicht beliebter Rodelstrecken, Skilifte, Langlaufloipen und Eislaufhallen finden Sie unter www.schwarzwaldtourismus.info/entdecken/winterurlaub. Etwas Besonderes ist beispielsweise die Märchenrodelbahn in Bernau. Die Bahn befindet sich im Langlauf- und Wintererlebniszentrum Rot-Kreuz-Loipe. Man kann sich dort Schlitten leihen. Bernau ist ein bekannter Austragungsort für Schlittenhunderennen. Wer nicht so weit fahren möchte, hat auch in Freiburg Rodelmöglichkeiten: an der Franzosenschanze, auf der Panoramawiese am Eichwald und natürlich am Schauinsland. Hier kann man schön an der Holzschlägermatte rodeln oder direkt am Skilift Hofsgrund. Für Schlittschuhläufer gibt es in Freiburg eine Eislaufhalle:

Franz-Siegel-Halle (Eislaufhalle EHC Freiburg)
Ensisheimer Straße 1
79110 Freiburg
☎ 07 61 / 89 49 96
Okt–April geöffnet
Da in der Halle die Freiburger Wölfe trainieren, informieren Sie sich bitte über die genauen Öffnungszeiten auf der Internetseite www.ehcf.de/eislaufen.

Der Kaiserstuhl ist ein kleines Mittelgebirge vulkanischen Ursprungs und liegt zwischen Freiburg und dem Rhein. Einer Sage nach wurde diese Region so benannt, weil Otto III., späterer Kaiser, hier im Jahr 996 einen Gerichtstag abhielt.

Der Kaiserstuhl ist vor allem für seinen Weinbau bekannt; terrassierte Weinhänge und Wald prägen das Bild. Die jahrhundertelange intensive Bewirtschaftung der fruchtbaren Lössböden brachte eine einzigartige Kulturlandschaft hervor. Der Kaiserstuhl zählt zu den bedeutendsten Geotopen Deutschlands.

Kaiserstuhl

17 | Ausflug
Riegel –
Römer, Raketen und Badesee

Riegel ist eine kleine Stadt am nordwestlichen Rand des Kaiserstuhls, an der Elz gelegen. Die Lage am Fluss, der fruchtbare Boden und das Klima machten das Gebiet sehr attraktiv. Anhand von Keramikfunden auf dem Gemeindegebiet kann eine Siedlungsgeschichte belegt werden, die bis in die Jungsteinzeit zurückreicht. Im Jahr 2001 wurde sogar ein keltischer Goldmünzschatz gefunden – der erste derartige Fund in Baden-Württemberg.

Nach den Kelten kamen die Römer. Unter ihnen wuchs die Siedlung und wurde im 2. Jahrhundert Verwaltungszentrum für den heutigen Breisgau. Zahlreiche Funde aus römischer Zeit sind im kleinen, aber sehenswerten archäologischen Museum zu bewundern. Das Museum ist für Kinder sehr ansprechend gestaltet und zeigt neben römischen Funden auch Exponate zum Thema Luft- und Raumfahrt.

Weithin sichtbar ist die **Michaelskapelle** auf dem Michaelsberg. Die 969 erstmals urkundlich erwähnte Kapelle gehörte zu einer im 14. Jahrhundert zerstörten Burg. Die Mühen des Aufstiegs zu der vom Ortskern gut 2 km entfernten Kapelle werden mit einer herrlichen Aussicht auf den Schwarzwald und die Vogesen belohnt. Für Interessierte ist der um den Michaelsberg angelegte Naturlehrpfad empfehlenswert. Hier erwarten Sie neben Wissenswertem über die Naturbesonderheiten der Umgebung auch Spannendes zur Ortsgeschichte. Startpunkt für den Naturlehrpfad ist am Theater KUMEDI am Bahnhof.

Kinder, schafft ihr es, das Türschloss zu öffnen?

Nach einem Spaziergang um und auf den Michaelsberg tut an heißen Tagen ein kühles Bad sicher gut. Am Campingplatz Müller-See gibt es einen netten kleinen Badesee, der auch für Nicht-Camper zugänglich ist. Vom Riegeler Bahnhof aus fährt der Rebenbummler, ein Museumszug. Für die Kinder ist die Fahrt mit einem richtigen Dampfzug sicher ein Erlebnis. In der Saison werden Themenfahrten angeboten, die gern gebucht werden. Es empfiehlt sich, frühzeitig zu reservieren.

18 | Tour
Kräuterpfad Amoltern –
Themenpfade am Kaiserstuhl

ÖPNV   ab Freiburg Hbf mit dem BSB-Zug Richtung Breisach
bis Haltestelle Gottenheim, weiter SWEG-Zug Richtung Endingen bis Haltestelle Endingen/Bahnhof, ab da
weiter mit dem Regionalbus 107 bis Amoltern
(Fahrzeit ca. 50 Minunten)

Der Kaiserstuhl ist touristisch sehr gut erschlossen. Zahlreiche Angebote und gut ausgeschilderte Wander- und Fahrradwege locken naturbegeisterte Ausflügler. Wer beim Wandern gern mehr über Fauna, Flora oder die geologische Beschaffenheit des Kaiserstuhls erfahren möchte, der kann auf einem der **Kaiserstühler Themenwege** beides miteinander verbinden. Der Neunlindenpfad führt von Ihrigen über die Höhen nach Endingen. Der Bienenfresserpfad startet ebenfalls in Ihringen und hat den lustigen bunten Vogel zum Thema. Auf dem Kirschbaumpfad, der in Sasbach startet, geht es um Kirschen, Heide und Römer. Insgesamt acht Themenpfade stehen zur Auswahl. Man kann natürlich auch Teilstrecken wandern oder die Pfade miteinander kombinieren.

Neben den großen Themenpfaden gibt es auch einige kleinere, lokale, die sich lohnen. So beispielsweise der **Amolterer Kräuterpfad**, der durch das älteste Kaiserstühler Naturschutzgebiet führt. Wir starten in Amoltern am Friedhof mit Parkplatz. Der Kräuterpfad ist knappe 4 km lang, ein Rundweg und bestens ausgeschildert. Wir erfahren auf den insgesamt 17 Infotafeln Wissenswertes über Kräuter, Heilpflanzen und Naturheilkunde. Am Wegrand gibt es viel zu entdecken. Immer wieder haben wir eine wunderschöne Sicht auf den Kaiserstuhl und die Rheinebene bis nach Frankreich. Auf dieser kurzen Wanderung kann man einen ersten Eindruck von der wunderbaren Natur und Vielfalt des Kaiserstuhls bekommen.

Von Amoltern ist es nicht weit nach **Riegel**. Entweder folgen Sie dem Kirschbaumpfad oder fahren das kurze Stück mit dem Auto. In Riegel lohnt sich ein Besuch im Museum zu Archäologie, Luft- und Raumfahrt (siehe Seite 86f.); der Müller-See lockt mit einer Erfrischung. So können Sie wunderbar Natur, Kultur und Badespaß kombinieren – da ist für jeden etwas dabei!

Themenwege am Kaiserstuhl (Auswahl)

Spezielle Kinderwege

Hierzu können Sie sich unter „Tipps zum Naturerleben" auf www.naturzentrum-kaiserstuhl.de einen Flyer mit Übersichtskarte herunterladen.

Wendelin Wiedehopf: 2 km
Erlebnispfad mit Rätseln, Dschungelpfad und Klettermöglichkeit. Startpunkt ist bei der Kirche in Ihringen.

Herta Hummel: 1,2 km
Kindgerechter Obstlehrpfad mit verschiedenen Wissensstationen.

Ausgangspunkt ist in Wasenweiler am Fahrradweg Richtung
Ihringen.

Themenwege für Kinder

Liliental

Auf dem forstwissenschaftlichen Versuchsgelände gibt es einige
lohnenswerte Themenrundwege. Am Lilienhof gibt es einen schönen großen Spielplatz und eine Gartenwirtschaft (siehe Seite 101ff.).

Smaragdeidechsenpfad
Oberbergen: 2,5 km

Die Smaragdeidechse ist die
größte, heimische Eidechsenart
in Deutschland. Mit etwas Glück
können wir die schönen Tiere
beobachten. Ausgangspunkt
ist am Parkplatz Grundschule
Oberbergen.

Bötzinger Brunnenpfad: 7 km

Veranschaulicht wird die Bedeutung des Wassers für die Natur
und unser Leben. Ausgangspunkt ist am Bahnhof in Bötzingen. Ein
Highlight für kleine Wanderer ist der Spielplatz „Im Grün", wo sie
im Wasser-Matsch-Bereich selbst aktiv werden können.

Weitere Themenwege

Mehr Infos, auch zu geführten Wanderungen, den einzelnen Ort-
schaften, Einkehrmöglichkeiten und aktuellen Veranstaltungen gibt
es auf www.kaiserstuhl.eu, Stichworte Aktiv, Wandern.

Kaiserstuhlpfad: 27 km

Der ausgezeichnete Qualitätswanderweg verbindet die schönsten,
höchsten und interessantesten Orte am Kaiserstuhl miteinander.

Am schönsten ist der Weg zur Zeit der Obstblüte und im Herbst. Der Weg führt vom Bahnhof in Endingen nach Ihringen.

Neunlindenpfad: 17 km
Man startet in Ihringen am Bahnhof. Es geht ganz schön rauf und runter. Über den Neunlindenturm und den Eichelspitzturm geht es nach Endingen.

Knabenkrautpfad: 21,5 km
Das Knabenkraut ist eine heimische Orchideenart. Startpunkt für diese Themenwanderung ist in Breisach. Von hier geht es Richtung Ihringen und dann über den Lilienhof nach Bötzingen.

Kirschbaumpfad: 18,5 km
Man startet in Sasbach am Bahnhof. Es geht über Streuobstwiesen und durch Weinberge nach Riegel. Der Weg führt am Gewann Ge-stühl vorbei, das dem Kaiserstuhl seinen Namen gegeben haben soll.

Steinkauzpfad: 18 km
Von Wasenweiler-Bahnhof geht es über Bötzingen, Eichstetten und Bahlingen nach Riegel. Die Wanderung führt durch Lösshohlwege steil hinauf und weiter auf der Höhe mit herrlichem Ausblick.

Bienenfresserpfad: 17 km
Der Bienenfresser ist ein schö-ner bunter Zugvogel, der in den 1980er-Jahren in Deutschland ausgestorben war. Nun gibt es am Kaiserstuhl und in Sachsen-Anhalt wieder einige brütende Paare. Startpunkt der Themen-wanderung ist der Bahnhof Ihringen. Von hier geht es durch Weinberge an Lösswänden vorbei steil hinauf und weiter über Bickensohl, Oberrotweil und Bischoffingen nach Königschaff-hausen.

19 | Tour
Fahrradtour von Breisach nach Burkheim – Nichts wie Rhein!

Diese leichte, aber keinesfalls anspruchslose Fahrradtour verbindet zwei interessante historische Städte und jede Menge Spaß. Die Tour startet am Rheintor in Breisach. Hier lockt das Museum für Stadtgeschichte, in dem die über 4000-jährige Siedlungsgeschichte Breisachs dokumentiert ist. Wir fahren zunächst ein Stück durch Breisachs Industriegebiet und kommen dann zum Rhein. Wer sich diesen Abschnitt sparen möchte, kann auch am Breisacher Klärwerk parken und die Tour ab da starten. Wir folgen dem Rheinradweg bis kurz vor Burkheim. Zeit für eine Erfrischungspause? Dann erwartet Sie hier der beliebte Burkheimer Baggersee. In Burkheim befindet sich unterhalb der kleinen, aber sehenswerten Altstadt der Kräuterhof. Hier duften Tees und Gewürze um die Wette. Im Kräutergarten gleich hinter dem Hof kann ebenfalls fleißig geschnuppert werden. Nach einem Besuch der historischen Altstadt und vielleicht auch einer Kugel Eis fahren wir wieder Richtung Rhein, vorbei an der Viehgurenalm durch die Rheinauen zur Burgruine Sponeck. Die ehemalige Burg kann zwar nicht von innen besichtigt werden, da sie in Privatbesitz ist, aber der Schlossgarten ist frei zugänglich. Diese Tour ist kein Rundweg und somit die Reihenfolge der Besichtigungen und Spielpausen beliebig.

Streckenverlauf	Rheintor Breisach – Kläranlage Breisach – Rhein – Burkheimer Baggersee – Burkheim Käuterhof – Burkheim Altstadt – Viehgurenalm – Burgruine Sponeck – Rheintor (– Breisach Altstadt)
Länge	12 km einfache Strecke
Start	Parkplatz Rheintor in Breisach
ÖPNV	ab Freiburg Hbf mit dem BSB-Zug bis Breisach/Bahnhof (Fahrzeit ca. 30 Minuten)
Informationen	**Stadtmuseum Breisach** Di–Fr 14–17 Uhr, Sa, So u. Feiertag 11.30–17 Uhr Erwachsene 2 €, Kinder ab 12 J. 1€

Informationen	**Waldschwimmbad Breisach**
	Mitte Mai–Mitte Sept 9–20 Uhr
	(bei Schlechtwetter eingeschränkte Öffnungszeiten)
	Erwachsene 4 €, Kinder 2 €
	Städtle Café Zibold
	Mi–Mo 10–18 Uhr oder nach Vereinbarung, Di Ruhetag,
	Nov–April Mo und Di Ruhetag

Man kann entweder direkt am Rheintor parken oder auf einem der vielen Festspielparkplätze in der Nähe. Wir fahren die Hafenstraße entlang, der Beschilderung Richtung Burkheim folgend. Am Klärwerk (Himmelsstiege) gibt es – wie oben beschrieben – auch einige wenige Parkmöglichkeiten. Dahinter geht es links in den Auenwald und dann zunächst neben, später auf dem Rheindamm weiter Richtung Burkheim. Nach etwa 8 km sieht man rechter Hand das Kieswerk. Hier verlassen wir den Damm und überqueren rechter Hand auf einer kleinen Brücke den Bach. Wir kommen zum **Burkheimer Baggersee**. An warmen Tagen und vor allem an Wochenenden kann es hier recht voll werden. Eine große Liegewiese, auf der viele Bäume Schatten spenden, lädt zur Pause ein. Wer nicht gern in Baggerseen badet, findet später in Breisach eine gute Alternative. Dort gibt es ein schönes, recht großes Freibad.

Badespaß am Burkheimer Baggersee

Wir fahren die Asphaltstraße knappe 2 km weiter Richtung Burkheim. Sobald wir aus dem Wald kommen, haben wir einen Blick auf die **Schlossruine Burkheim**, dem Wahrzeichen der Stadt. Von der erstmals 1231 erwähnten Burganlage sind nur noch Teile des Neubaus und der Wehrmauer erhalten. Die Burg gehört heute einer Weinkellerei und kann für Feierlichkeiten gemietet werden. Wir fahren, der Beschilderung folgend, die erste Straße links und kommen am **Kräuterhof** vorbei. Als Gruppe können Sie hier nach Voranmeldung eine Einführung in die Welt der Kräuter und Gewürze bekommen. Direkt gegenüber gibt es einen Kiosk.

Wenige Meter weiter geht es rechts hinauf ins **Stadtzentrum** von Burkheim. Ein kurzer Abstecher in die kleine, schmucke Altstadt lohnt sich. Wer Hunger hat, bekommt im Städtle Café Zibold nahe dem Stadttor leckeren Kuchen und gutes Eis; eine Vesperkarte gibt es auch.

Burkheim hat eine lange Siedlungsgeschichte. Schon in der Steinzeit lebten hier Menschen; Funde aus der Urnenzeit belegen dies. Der Name oder zumindest die Endung -heim geht auf die Zeit der Franken zurück. 762 wurde der Ort erstmals urkundlich als Burchheim erwähnt. Später spielte Burkheim als Zollstation am Rhein eine wichtige Rolle. Im 16. Jahrhundert blühte das kleine Städtchen unter Lazarus von Schwendi auf, der für die Bevölkerung sorgte. Er verbesserte die Stadtbefestigung, ließ die zerstörte Burg zu einem Renaissanceschloss umbauen, regte die Gründung einer Schule und eines Spitals an, veranlasste die Neuordnung der Zünfte und verbesserte deren Rechtsstellung. Im Dreißigjährigen Krieg hatte Burkheim schwer zu leiden. Nur das Schloss und drei weitere Gebäude blieben erhalten, der Rest war zerstört. In der Folge kamen neue Siedler aus der Schweiz, Tirol und Lothringen in die Region.

Heute gehört Burkheim zu Vogtsburg und hat keine 1000 Einwohner mehr. Haupteinnahmequelle ist der Weinbau.

Wir folgen geradeaus der Beschilderung Richtung Burgruine Sponeck. Nach etwa 200 m kommen wir zu einer Wegkreuzung, dort

steht eine Bank. Unser Weg führt weiter geradeaus, aber mit wenigen Schritten nach links kann man allerlei Fantasiegeschöpfe im Wald, am Hang und zwischen den Gräsern entdecken. Hier ist die **Viehgurenalm**, ein Projekt des Künstlers Gunther Armin Dross.

Nach einer Entdeckungstour in der Fantasiewelt fahren wir weiter geradeaus durch den Auenwald, bis wir zu einem Wanderparkplatz kommen. Hier geht es rechts recht steil hinauf zur **Burgruine Sponeck**. Schon zur Römerzeit befand sich hier eine befestigte Anlage. Reste römischer Gemäuer kann man im Garten besichtigen. Die Burganlage selbst ist in Privatbesitz und kann nicht besichtigt werden, außer am 1. Mai, dem Tag der offenen Tür. Nach einer Besichtigung des Burggartens geht es zurück nach Breisach.

Blick auf Breisach

In Breisach kann man zum Abschluss schön einkehren, ins Freibad gehen oder den Rhein per Schiff erkunden. Infos zu Abfahrtszeiten und angebotenen Fahrten finden Sie unter www.bfs-info.de.

◄ *Die Burgruine Sponeck ist ein Wahrzeichen Jechtingens.*

20 | Tour
Bickensohl Neunlindenturm – Durch die Eichgasse hinauf zum Totenkopf

Bei dieser landschaftlich abwechslungsreichen Wanderung ist Einsatz gefragt. Steil ist der Weg bis hinauf auf den Totenkopf, dem höchsten Berg am Kaiserstuhl. Wir durchwandern gleich hinter Bickensohl die Eichhohlgasse, einen der spektakulärsten Lösshohlwege am Kaiserstuhl. Weiter kommen wir zur Strümpfeköpfle-Hütte. Hier stehen Tisch und Bank für ein Picknick bereit, einmalige Aussicht inklusive. Dann geht es durch einen schönen Mischwald hinauf zum Neunlindenturm mit einer weiteren Picknickmöglichkeit. Wir folgen teilweise dem Lösshohlwege-Pfad. Der Weg ist mit seinen 7 km zwar nicht lang, aber für Kinder anstrengend genug.

Streckenverlauf	Infozentrum Bickensohl – Eichgasse – Strümpfe-köpfle-Hütte – Neunlindenturm – Waldhohlgasse – Infozentrum Bickensohl
Länge	7 km
Start	Parkplatz im Ortszentrum Bickensohl/TouristInfo
ÖPNV	ab Freiburg Hbf mit dem BSB-Zug bis Breisach/Bahn-hof, dann weiter mit dem Regionalbus 104 Richtung Schelingen/Weihergarten bis Bickensohl/Ort (Fahrzeit ca. 50 Minuten)

Tipp: Wer auch den ganzen, insgesamt etwa 7 km langen Lösshohlpfad rund um Bickensohl wandern möchte, findet auf www.vogtsburg-im-kaiserstuhl.de, Stichworte Service, Downloads einen Flyer mit Übersichtskarte.

Wir starten am Parkplatz in Bickensohl an der Touristeninformation und folgen der Beschilderung Lösshohlwege-Pfad Richtung Eichgasse. Es geht bergauf, links halten, durch das Dorf, bis wir linkerseits den Einstieg zur **Eichgasse** sehen.

Der Kaiserstuhl wird bereits seit vielen Jahrhunderten bewirtschaftet. Der nährstoffreiche Lössboden bietet dafür ideale Bedingungen. Durch die intensive Bewirtschaftung entstanden die sogenannten **Hohlweg**. So bezeichnet man einen tief eingeschnittenen Wirtschaftsweg, der durch intensive Nutzung und Erosion entstanden ist. Die Steilwände der Hohlwege bieten zahlreichen Tieren Schutz und Nahrung. So ist am Kaiserstuhl beispielsweise der Bienenfresser heimisch, ein hübscher, bunter Höhlenbrüter, der seine Bruthöhlen in die Lösswände gräbt.

Wir gehen durch die Eichgasse hinauf bis zur Wegkreuzung. Dieser Hohlweg beeindruckt durch die Höhe der Lösswände; an der höchsten Stelle sind es 15 m! Hinter der Eichgasse folgen wir der Beschilderung für den Lösshohlwege-Pfad nach rechts. Wir kommen zur

◄　*Der Kaiserstuhl ist eine jahrhundertealte Kulturlandschaft.*

Strümpfeköpfle-Hütte, einer kleinen Schutzhütte mit herrlicher Aussicht. Bei guter Wetterlage sieht man das Elsass und die Vogesen. Weiter geht es geradeaus bis zum Wald. Hier verlassen wir den Lösshohlwege-Pfad und gehen links, steil den Berg hinauf, bis zum **Totenkopf**. Im Jahr 994 wurden hier, so sagt man, anlässlich des Gerichtstags Ottos III. Hinrichtungen durchgeführt – daher der Name.

Neunlindenturm

Der Totenkopf ist mit seinen 556 m die höchste Erhebung am Kaiserstuhl. An der Stelle des im Jahre 1900 erbauten **Neunlindenturms** stand einst das Paulinerkloster, das allerdings im Zuge der Reformation 1525 verlassen wurde. Vom Neunlindenturm ist es nicht weit bis zum Liliental. Wanderfreudige können diese Tour gut mit der nächsten Tour verbinden. Nachdem wir den Turm erobert und vielleicht auch ein gutes Vesper gegessen haben, gehen wir zurück bis zur letzten Gabelung, dann links, nehmen aber nicht den Weg, den wir gekommen sind. Kurze Zeit später gabelt sich der Weg erneut. Hier geht es sowohl rechts als auch links zurück nach **Bickensohl**. Wir biegen links ein und folgen wieder dem Lösshohlwege-Pfad durch die Waldhohlwege zurück zum Ausgangspunkt.

21 | Tour
Von Ihringen ins Liliental –
Ein Wald mit vielen Bäumen

Auf dieser kleinen Fahrradtour mit Steigung zum Naherholungsgebiet Liliental geht es zunächst durch Obstbaumwiesen bis zum Fahrradrastplatz und dann weiter leicht bis mäßig bergauf zum Hofgut Lilienhof. Hier können Sie sich bei einem kühlen Getränk erst einmal erholen. Gleich neben dem Gasthaus erwartet die Kinder ein großer Spielplatz mit Seilbahn, Klettermöglichkeiten, Rutschbahn und vielem mehr. Anschließend können Sie auf einem der drei angelegten Lehrpfade mehr über einzelne Baumarten erfahren. Besonders spannend ist der Mammutbaumwald. Von Mai bis August blühen auf den Trockenwiesen zahlreiche wilde Orchideenarten – eine weitere Besonderheit des Tals. Wer noch Lust und Energie hat, dem sei der Aufstieg zum höchsten Berg am Kaiserstuhl empfohlen – dem Totenkopf. Hier genießen Sie vom Neunlindenturm aus eine herrliche Aussicht auf das Umland.
Dieser Ausflug ist etwas ganz Besonderes!

Streckenverlauf	Ihringen Bahnhof – Fahrradrastplatz – Gasthaus Lilienhof
Länge	4,5 km (einfache Strecke zum Gasthaus Lilienhof) + 3 km Rundweg/Lehrpfad im Liliental
Start	Ihringen Bahnhof
ÖPNV	ab Freiburg Hbf mit dem BSB-Zug Richtung Breisach bis Haltestelle Ihringen/Bahnhof (Fahrzeit ca. 20 Minuten)

Tipp: Unter www.kaiserstuhl.net/sw/liliental.htm können Sie sich kostenlos einen Plan des forstwirtschaftlichen Geländes herunterladen, auf dem auch die Lehrpfade eingezeichnet sind. Die Wege sind vor Ort ebenfalls gut markiert.

Wir fahren zunächst gemütlich auf dem Radweg die Bahnlinie entlang Richtung Wasenweiler. Besonders zur Kirschblüte im Mai ist dieser Streckenabschnitt sehr reizvoll. Nach ungefähr 2 km sehen wir rechter Hand den **Fahrradrastplatz**. Tisch, Bank und ein

kleiner Teich laden zur Verschnaufpause. Weiter geht es links Richtung **St. Vitus Kapelle**.

Die **St. Vitus Kapelle** stammt aus dem 14. Jahrhundert und ist dem heiligen Vitus geweiht, dem Schutzpatron der Gastwirte, Bierbrauer und Winzer. Im Inneren gibt es wertvolle Fresken aus dem 15. Jahrhundert und den Altar, der bis 2011 noch im Augustinermuseum in Freiburg zu bewundern war. Führungen und Besichtigungen sind nach Vereinbarung unter Tel.: 0 76 68 / 50 58 möglich.

Wir fahren ein kurzes Stück links die Landstraße Richtung Ihringen entlang, danach, nach wenigen Metern, rechts Richtung Liliental. Wir folgen einer wenig befahrenen Straße am Schützenhaus vorbei durch das Mühletal. Knappe 2 km später sind wir am **Hofgut Lilienhof** angekommen. Hier ist auch der Startpunkt für die Rundwanderwege auf dem Gelände.

Spielplatz am Wandergasthaus Lilienhof

◄ *Der Mammutbaum-Wald ist ein Versuch, ob diese Baumart mit den hiesigen klimatischen Bedingungen zurechtkommt.*

Die Forstliche Versuchsanstalt kaufte Ende der 1950er-Jahre das **Hofgut Lilienhof**, um auf den landwirtschaftlich genutzten Flächen ein Reservoir seltener Baum- und Straucharten, ein sogenanntes Arboretum, anzulegen. Außerdem wurden Samenplantagen und zahlreiche Versuchsflächen angelegt.

Wer noch weiter zum Totenkopf und zum Neunlindenturm möchte, folgt zunächst der Beschilderung für den Rundweg 1 und fährt zwischen Spielplatz und Hofgut leicht ansteigend geradeaus; danach weist die Beschilderung für den Neunlindenturm den Weg.

Etwa zwanzig Orchideenarten gedeihen im Liliental.

22 | Ausflug
Nach Frankreich:
Über Neuf-Brisach nach Colmar –
Festung und Fachwerkromantik

Keine 50 km von Freiburg entfernt liegt das Städtchen Colmar am öst-
lichen Rand der Vogesen. Wenn Sie bei Breisach den Rhein überqueren,
kommen Sie an Neuf-Brisach vorbei, einer gigantischen Festungsanlage.
Die Kinder haben großen Spaß beim Durchstöbern all der geheimen
Winkel, Kammern und Gräben.

ÖPNV   ab Freiburg Hbf mit dem BSB-Zug bis Breisach/Bahn-
hof, dann weiter mit dem SBG-Bus 1076 bis Colmar/
Théatre (Fahrzeit ca. 1:20 Stunden)

Sehenswert   **Vauban Museum**
www.neuf-brisach.fr
Mai–Sept tägl. außer Di 10–12 und 14–17 Uhr
Erwachsene 2,50 €

Musée Unterlinden
www.musee-unterlinden.com
Tägl. außer Di 10–18 Uhr, Do 10–20 Uhr
Erwachsene 13 €, Kinder ab 12 J. 8 €

Markthalle
Di u. Mi 8–18 Uhr, Do 7–18 Uhr, Fr 8–19 Uhr, Sa 8–17 Uhr
Nette Gelegenheit, den Stadtbummel mit kulinarischen
Genüssen zu bereichern. Es erwartet Sie ein buntes
Angebot an Obst und Gemüse, Backwaren, Fisch,
Fleisch und Spezialitäten. Donnerstag ist
großer Markttag.

Kahnfahrt auf der Lauch
Anlegestelle Rue de la Herse oder Boulevard St Pierre
30-minütige Fahrt auf den Kanälen durch die Altstadt,
absolut empfehlenswert!
Tägl. 10–12 und 13.30–19 Uhr
Preise je nach Saison zwischen 5,50 € und 6 € pro
Person, maximal 9 Personen pro Kahn

Sehenswert

Minikreuzfahrt auf den Kanälen
Colmar Hafen
Tolles Erlebnis für die ganze Familie; die Fahrt dauert
entweder 3,5 Stunden oder kann als Ganztagestour
mit Mittagessen gebucht werden. Preis zwischen 35 €
und 55 €

Spielzeugmuseum /
Musée du Jouet et des Petits Trains
Tägl. 10–17 Uhr, Jul–Aug, Dez 10–18 Uhr
Erwachsene 5 €, Kinder ab 8 J. 3,90 €
Ein Muss für alle Eisenbahnfans, große Modelleisen-
bahnausstellung!

Allein die Größe der Festungsanlage Neuf-Brisach ist sehr beeindruckend.

Alles über Aufbau, Architektur und Geschichte der Anlage erfahren
Sie im Vauban-Museum. Nach einem Spaziergang durch oder um
die **Festungsanlage** können Sie sich auf dem ehemaligen Exerzier-
platz, der heute als Marktplatz genutzt wird, im Café bei Köstlichkei-
ten aus der französischen Patisserie erholen.

Die französische **Festungsanlage** sollte der nahegelegenen befestigten, deutschen Stadt Breisach etwas entgegensetzen. König Ludwig XIV. beauftragte den Architekten Vauban, eine perfekte und gigantische Festungsstadt zu erbauen. Dafür wurde sogar eigens ein Kanal gegraben, um das viele Baumaterial an Ort und Stelle transportieren zu können. Im Gegensatz zur mittelalterlichen Burg, die ja meist auf schwer zugänglichen Felsen oder Bergen erbaut wurde, steht diese Festungsanlage im flachen Land, aber an einer militär-strategisch günstigen Stelle, da ja zunächst der Rhein überquert werden musste und für den Transport von Kriegsgeräten wie beispielsweise Kanonen befestigte Straßen nötig waren. Heute spielt Neuf-Brisach militärisch keine Rolle mehr.

Seit 2008 gehört die Stadt zum **Unesco Welterbe**.

Nach dem Zwischenstopp geht's weiter nach **Colmar**. Die Altstadt ist mit ihren bunten Fachwerkhäusern, den Kanälen, Brunnen und dem prächtigen Blumenschmuck ein einziger Augenschmaus. Im Sommer werden Bootsfahrten angeboten, zahlreiche urige Wirtschaften laden zu original Elsässer Flammkuchen und für Kulturinteressierte gibt es das Unterlinden-Museum mit dem berühmten Isenheimer Altar. Ein Spielzeugmuseum und die Markthalle mit ihrem bunten Angebot bieten Abwechslungsreiches für die kleinen Besucher.

Malerische Fachwerkhäuschen an der Lauch in Colmar

Colmar, nach Straßburg und Muhlhouse die drittgrößte Stadt
im Elsass, kann auf eine aufregende Geschichte zurückblicken.
823 erstmals erwähnt, geht der Name Colmar wohl auf
Columbarium, das Taubenhaus, zurück. 1226 wurde Colmar freie
Reichsstadt, Handwerk und Handel blühten auf. Anfang des
16. Jahrhunderts gab es sogar eine Meistersingerschule in der
Stadt. Im Dreißigjährigen Krieg wurde Colmar vom Kriegsgeschehen bestimmt. Zunächst eroberten 1632 die Schweden die
Stadt und 1673 marschierten französische Truppen ein. Seit dem
Frieden von Nimwegen gehörte Colmar zu Frankreich. Dies änderte
sich nach dem deutsch-französischen Krieg (1870/71). Colmar
gehörte wie das Gebiet Elsass-Lothringen zum deutschen Kaiser-
reich, um dann nach dem Ersten Weltkrieg 1918 wieder Frankreich
zugesprochen zu werden. Im Kriegsgeschehen des Zweiten
Weltkriegs wurde es kurze Zeit wieder dem deutschen Reich
angegliedert. Dieses französisch-deutsche Gezerre schlug sich
auch in der Sprache, dem Elsässisch, nieder. Elsässisch ist allerdings nicht gleich Elsässisch. In Colmar wird Niederelsässisch ge-
sprochen, das zu den fränkisch-alemannischen Dialekten gehört
und zu den deutschen Mundarten gezählt wird.

Um sich einen ersten Überblick über die Sehenswürdigkeiten der Stadt zu verschaffen, kann man eine Fahrt mit dem Petit train touristique, dem kleinen Elektrozug, machen. Ausgangspunkt hierfür ist das Unterlinden-Museum. Selbstverständlich werden auch Stadtführungen zu verschiedenen Themen angeboten. Infos und Broschüren gibt es bei der Touristeninformation. Egal, ob Sie einfach durch die hübschen Gassen der Altstadt bummeln, bei einer Bootsfahrt entspannen oder in einem der sehenswerten Museen Neues entdecken – Sie werden Colmar lieben!

Weitere Ausflugsziele am Kaiserstuhl

Maisfeldlabyrinth Opfingen

Waldmösle 2

79112 Freiburg im Breisgau

☏ 0 76 64 / 47 44

www.maisfeld-opfingen.de

Juli–Sept tägl. ab 11 Uhr bis Sonnen-
untergang

Erwachsene 4,50 €,

Kinder ab 3 Jahre 3,50 €

Finden Sie im Labyrinth alle
Quiztafeln? Wir haben uns verlaufen!
Gastronomie vor Ort.

Rebenbummler –
Fahrt mit dem Museumszug

www.eisenbahnfreunde-breisgau.de
Der historische Zug fährt ab Endin-
gen/Riegel nach Breisach und zurück.
Ihr Fahrrad können Sie kostenlos
mitnehmen. Rund ums Jahr werden
Erlebnis- und Themenfahrten angeboten. Bitte reservieren Sie unbedingt im Voraus beim Kaiserstühler
Verkehrsbüro in Endingen!

(☏ 0 76 42 / 6 89 90 oder unter
info@endingen.de)

Rheinschifffahrt

Ab Breisach Hafen können Sie den Rhein entlang schippern. In der Saison werden täglich Themenfahrten angeboten. Wie wäre es zum Beispiel mit einer Spaghetti-Fahrt?
Über Abfahrtszeiten und Preise informieren Sie sich bitte aktuell unter www.bfs-info.de

Badeseen (Auswahl)

Baggersee Burkheim beim Kieswerk

Große Liegewiese, Parkplatz am See (Zufahrt bis 20.30 Uhr möglich), keine Badeaufsicht! Der See liegt nördlich von Burkheim in unmittelbarer Nähe zum Rhein und ist ausgeschildert (Kieswerk).

Müller-See bei Riegel

siehe S. 87

Opfinger See

Große Liegewiese, Kiosk, ausgewiesene Grillstellen, teilweise Badeaufsicht; von Freiburg aus fahren Sie Richtung Opfingen (Opfinger Straße), dann Richtung Kieswerk, vor dem Kieswerk rechts, der Beschilderung Richtung Wanderparkplatz folgen.

Erleweiher bei Endingen

Badesee mit ausgewiesenem Schwimmer- und Nichtschwimmerbereich, Toiletten, Duschen und Kiosk

vorhanden; angrenzende Minigolfanlage.
Der See befindet sich direkt im Ort und ist ausgeschildert.

Badesee bei Wyhl

Der See liegt an der L 104 zwischen Sasbach und Wyhl, praktisch gleich am Rhein. Für Kinder gibt es einen abgegrenzten Badebereich mit Sandelbereich.
Gebührenpflichtiger Parkplatz.

Das Markgräflerland ist eine Region im südwestlichsten Zipfel Deutschlands, zwischen Freiburg und Basel gelegen und von Rhein und Schwarzwald begrenzt. Durch das milde Klima und die fruchtbaren Böden begünstigt, prägt vor allem die Landwirtschaft das Bild. Streuobstwiesen, Weinberge und Felder sind typisch für die Region.

Das Märkgräflerland kann auf eine lange und wechselvolle Geschichte zurückblicken. Bereits die Kelten und Römer siedelten auf dem Gebiet. Bei einem Ausflug nach Badenweiler oder Heitersheim können Sie sich auf die Spur der Römer begeben. Empfehlenswert ist der Römerweg, der wichtige kulturhistorische Orte miteinander verbindet. Auch die Herrschaft verschiedener Adelsgeschlechter wie die der Zähringer, Staufer, der Herren von Rötteln und anderer haben die Region und wohl auch den Namen geprägt. Besuchen Sie zum Beispiel die Burgruine Rötteln bei Lörrach und tauchen Sie ein in die Welt der Edelleute und Ritter!

Markgräferland

23 | Ausflug
Staufen – Stadt, Land, Fluss

Dunkle Mächte, ja sogar der Teufel sollen hier zugange gewesen sein ...
So will es die Legende um den Alchemisten und Magier Doktor Johann
Georg Faust, vielen bekannt durch Goethes epochales Drama. Wer heute
durch die denkmalgeschützte Altstadt Staufens schlendert, wird
sicher keinen dunklen Mächten begegnen, aber die Gassen, Häuschen,
Plätze und Brunnen verzaubern den Besucher auf ihre ganze eigene
Weise. Idyllisch am Ausgang des Münstertals und direkt am Flüsschen
Neumagen gelegen, spielt Wasser eine wichtige Rolle in dem knapp 8000
Einwohner großen Städtchen. Kleine Wassergräben durchziehen die
Fußgängerzone. So haben nicht nur die Eltern Spaß bei einem Stadt-
bummel. Ein Spaziergang durch die Weinberge hinauf zur Burgruine
Staufen lohnt ebenfalls. Und auch die nähere Umgebung hat mit dem
romantischen Münstertal, den Orte Ehrenkirchen, Ballrechten-Dottin-
gen und Bollschweil sowie dem Belchen viel Sehenswertes zu bieten. Eine
Region zum Wiederkommen!

ÖPNV	ab Freiburg Hbf mit der RB Richtung Basel bis Hal-testelle Bad Krozingen, dann weiter mit dem Bus 113 Richtung Staufen bis Haltestelle Staufen/Bahnhof (Fahrzeit ca. 30 Minuten)
Information	Infos zu Stadtführung und Veranstaltungen unter www.muenstertal-staufen.de
Sehenswert	**Keramikmuseum** Feb–Nov Mi–Sa 14–17 Uhr, So 12–17 Uhr Erwachsene 2,50 €, Kinder bis 14 J. frei **Puppenmuseum** www.puppenmuseum-staufen.de Di–So 11–18 Uhr, Erwachsene 4 €, Kinder 2,50 € **Stadtmuseum** Mo 8–12 Uhr, 14–18 Uhr, Di–Fr 8–12 Uhr, Sa u. So 14–17 Uhr (Achtung: In den Wintermonaten gelten andere Öffnungszeiten) Eintritt frei, am Wochenende 1 € **Burgruine Staufen:** frei zugänglich

Sehenswert

Steinzeithöhlen Teufelsküche bei Ehrenkirchen
Im ältesten Siedlungsfund Südbadens erleben Sie christliche und steinzeitliche Menschheitsgeschichte auf 4 Kilometern. Ausgangspunkt ist die Kirche St. Georg im Ortsteil Ehrenstetten, ab da der Beschilderung für den Ölberg-Rundweg folgen.

Blick von der Burgruine Staufen auf das Markgräflerland

Vom Altstadt-Parkplatz P1 am linken Ufer des Neumagen folgen Sie den Schildern Richtung Altstadt. Sie überqueren den Neumagen und gehen vor dem Marktplatz rechts in die Freihofgasse, biegen dann in die Spitalgasse ein und gelangen ins sogenannte **Hinterstädle**, dem ältesten Stadtteil Staufens. Schmale, bunte Häuschen drängen sich eng aneinander. Am Ende der Spitalgasse steht das namensgebende Spital, eine Stiftung der Herren von Staufen aus dem 16. Jahrhundert. Weiter geht's links an der Kirche St. Martin vorbei in die Kirchstraße und zurück zum **Rathausplatz**. Im Rathaus selbst befinden sich die Touristeninformation und das Stadtmuseum. Hier

erfährt man Wissenswertes über die Geschichte Staufens, des Silber-
bergbaus in der Region sowie über die gescheiterte Revolution von
1848. Über dem Eingang sind die Wappen der Herren von Staufen
zu sehen.

Die Herren von **Staufen** waren im Mittelalter von entscheidender
Bedeutung für die Stadtentwicklung. Bis ins 16. Jahrhundert
lenkten sie die Geschicke der Stadt – immer wieder im Konflikt mit
den Herren von Freiburg. Der Bergbau brachte der Stadt Reichtum
und damit Schönheit – wie wir an den liebevoll restaurierten
Häuserfassaden der Altstadt sehen können.
In jüngster Vergangenheit erlangte Staufen traurige Bekanntheit,
als 2007 geothermische Bohrungen durchgeführt wurden. Man
dachte umweltfreundlich und wollte Erdwärme für die Region
nutzbar machen. Bei den Bohrungen gelangte Wasser in die unter
der Stadt gelegene Keuperschicht. Keuper wird, wenn er mit
Wasser in Kontakt kommt, zu Gips, der im Volumen zunimmt. Die
Erde begann sich zu heben und mit ihr Staufens Altstadt – nur
leider die Häuserwände nicht, wovon die großen Risse an den
Fassaden zeugen. Armes Staufen!

Am **Marktplatz** gibt es nette Cafés und Einkehrmöglichkeiten. Für
große und kleine Naschkatzen ist das Eiscafé Kalte Sophie unbe-

dingt zu empfehlen. Hier gibt es Bauernhofeis vom Feinsten, allerdings nur in den Sommermonaten. Weiter geht es die Hauptstraße entlang, rechts und links gesäumt von kleinen Wassergräben, wo die Kinder an Sommertagen ihre Füße kühlen können. Dann rechts in die Meiergasse einbiegen, links in die Jägergasse und am **Stadtschloss** vorbei. Das Schlösschen, ehemals eine Stadtresidenz der Herren von Staufen, ist leider nur von außen zu bewundern.

Wir kommen zurück zur Hauptstraße. Wer möchte, geht geradeaus Richtung Bahnhof. Neben diesem liegt der Stadtpark mit See und kleinem Labyrinth. Hinter dem Stadtsee befindet sich auch ein kleiner Spielplatz. Wer zur Burgruine möchte, biegt rechts in „Auf dem Rempart" ab und danach gleich die nächste links in die Schlossgasse. Wir kommen in die Weinberge und zu einer Übersichtstafel mit Wanderkarte und Wegbeschreibung. Wir folgen der Beschilderung. Die **Ruine** ist frei zugänglich. Vom Turm hat man eine sagenhafte Aussicht auf das Markgräflerland, Staufen, das Münstertal und den Schwarzwald.

Gemütlicher Stadtbummel in Staufens Altstadt

24 | Tour
Wanderung zum Nonnenmattweiher –
Wander- und Badespaß

In Nonnenmattweiher wartet eine leichte Wanderung mit exklusiver Bademöglichkeit im Natursee und urigen Einkehrmöglichkeiten auf uns. Ein wenig Steigung gibt es aber schon zu überwinden, vor allem, wenn man vom Nonnenmattweiher weiter zur Almgaststätte Kälbelescheuer geht. Die Anstrengung lohnt sich aber auf jeden Fall sehr.

Nachdem man im See gebadet und in der Fischerhütte am Nonnenmattweiher gut gegessen hat, geht es am Haldenhof vorbei und weiter auf schmalem, felsigen Pfad Richtung Kälbelescheuer. Immer wieder hat man eine atemberaubende Aussicht, kommt an kleinen Wasserfällen vorbei und genießt schönste Schwarzwälder Landschaft. Nach einer kleinen Stärkung in der gemütlichen Almgaststätte geht es dann steil den Berg hinauf, an Viehweiden entlang und durch den Wald, zurück zum Parkplatz.

Achtung: Der Weg zur Kälbelescheuer ist keinesfalls für Kinderwägen geeignet. Mit einem geländegängigen Wagen können Sie aber sehr schön zum Nonnenmattweiher spazieren.

Streckenverlauf	Parkplatz an der L131 – Nonnenmattweiher – Haldenhof – Kälbelescheuer – Parkplatz
	Variante (auch für Kinderwagen geeignet):
	Parkplatz Mittelheubronn – Nonnenmattweiher – Parkplatz Mittelheubronn (Länge: + 1 km)
Länge	10 km
Start	Wanderparkplatz Nähe Haldenhof an der L 131
Einkehren	**Fischerhütte am Nonnenmattweiher**
	www.fischerhuette-nonnenmattweiher.de
	Juni–Okt Di–So, Nov–Mai Sa, So u. Feiertage 11–19 Uhr
	Berggasthof Haldenhof
	www.haldenhof-schwarzwald.de
	Durchgehend geöffnet, Wild- und Fischspezialitäten
	Almgaststätte Kälbelescheuer
	www.kaelbelescheuer.de

Sommerhalbjahr tägl. 11–20 Uhr, Mo Ruhetag,
Winterhalbjahr Sa u. So 11–18 Uhr

Allein die Anfahrt von Münstertal mit dem Auto ist herrlich. In Serpentinen geht es hinauf Richtung Hinterheubronn und weiter auf der L 131 bis zum Wanderparkplatz. Wer die Kinderwagenvariante laufen möchte, kann auch direkt am Haldenhof/Hinterheubronn parken. Die Parkmöglichkeiten sind allerdings begrenzt. Es lohnt sich, früh da zu sein.

Wir beginnen am Wanderparkplatz und gehen links dem Weg folgend am Waldrand entlang. Bei der zweiten Gabelung gehen wir rechts in den Wald. Hier passieren wir eine Schranke und kommen bald zu einer Hinweistafel zum **Naturschutzgebiet Nonnenmattweiher**. Wenige Meter später sehen wir auch schon den See. Das Baden ist nur am nördlichen Ufer gestattet. Dort gibt es auch einen kleinen Rastplatz mit Feuerstelle. An heißen Sommertagen ist hier einiges los.

Nonnemattweiher: Baden erlaubt!

Nonnen gab es am **Nonnenmattweiher** wohl nicht, auch wenn einer Legende nach ein Nonnenkloster hier gestanden haben soll, in dem aber nicht gottgefällig gelebt wurde. Als Strafe und Warnung versank das Kloster im See.

Nun ja, eher noch leitet sich der Name von der Bezeichnung für Mastkühe, den sogenannten Nunnen, ab, die hier auf der Weide standen.

Der ursprüngliche Karsee war im Mittelalter wohl verlandet; bis Anfang des 18. Jahrhunderts befanden sich hier Weideflächen. Dann wurde das Wasser aufgestaut, um Forellen und Karpfen zu züchten. Der erste Damm brach am 1.3.1922. Es kam zu einer Katastrophe. Das Wasser stürzte ins Tal und zerstörte Häuser und Weiden. Dennoch wurde das Wasser in den 1930ern erneut aufgestaut.

Heute ist der Nonnenmattweiher nicht nur im Sommer ein beliebtes Ausflugsziel. Einzigartig sind die Natur und die Pflanzenwelt; insbesondere die schwimmende Torfinsel ist ein Unikat.

Kälbelescheuer: einst Viehhütte, heute beliebtes Ausflugsziel mit einmaliger Aussicht

Zur **Fischerhütte** ist es nicht weit. Wir folgen wenige hundert Meter dem breiten Schotterweg und kommen zu der kleinen Gaststätte. Es gibt hausgemachten Kuchen, Vesper, aber auch warme Gerichte. Sehr empfehlenswert ist die Räucherforelle. Wir folgen der Beschilderung über die Almwiesen Richtung Haldenhof. Bei der Weggabelung im Wald rechts halten. Am **Haldenhof** queren wir die L 131, gehen weiter Richtung Bushaltestelle und folgen abermals der Beschilderung Richtung Kälbelescheuer. Jetzt wird es spannend. Auf einem Felsenpfad am Hang geht es durch den Wald vorbei an kleinen Wasserfällen und einer beeindruckenden Felswand zur Kälbelescheuer. Der Weg ist mit Kindern gut machbar. Man sollte allerdings an festes Schuhwerk denken. An der **Almgaststätte Kälbelescheuer** bekommen Sie Vespergerichte zu fairen Preisen, ausgefallene Sirupschorlen, vor allem aber eine tolle Aussicht.

Zurück zum Wanderparkplatz geht es steil den Berg hinauf, an Viehweiden entlang und ein kurzes Stück durch den Wald. Der Weg ist ausgeschildert.

25 | Tour
Badenweiler: Spaziergang zur Burgruine – Mit allen Sinnen

Auf dieser kleinen Wanderung heißt es zunächst, die Sinne schärfen. Im Park der Sinne warten spannende Experimente und Spielgeräte auf die ganze Familie. Physikalische Gesetzmäßigkeiten werden hier auf fantasievolle Weise erfahrbar gemacht. So kann zum Beispiel der Energieerhaltungssatz erschaukelt werden oder man kann mit etwas Geschick den akkustischen Brennpunkt erhören. Weiter gibt es unter anderem einen kleinen Barfußpfad und einen netten Spielplatz. Bis zur Burg ist einiges an Steigung zu meistern, aber bei so viel Spiel und Spaß wird das Gehen zur Nebensache. Weiter geht es durch den Kurpark zu den römischen Badruinen, direkt neben dem Thermalbad gelegen. Badenweiler kann auf eine sehr lange Badtradtion zurückblicken. Die römischen Badruinen gehören zu den größten und besterhaltenen im Schwarzwald. Von den Ausgrabungen sind es nur noch wenige hundert Meter hinauf zur Burgruine. Hier können die Kinder frei durch die Winkel und Gänge stöbern. Vom Turm aus genießt man eine herrliche Aussicht auf den Schwarzwald und das Markgräflerland. Die Ruine ist frei zugänglich.

Streckenverlauf	Parkplatz Am Sportplatz – Park der Sinne – Römische Badruinen – Burgruine – Parkplatz
Länge	3,5 km
Start	Der Parkplatz (Ernst-Eisenlohr-Straße) befindet sich rechts am Ortsausgang Richtung Schweighof, neben dem Sportbad.
ÖPNV	ab Freiburg Hbf mit der RB Richtung Neuenburg bis Haltestelle Müllheim/Bahnhof, dann weiter mit dem Regionalbus 111 bis Haltestelle Badenweiler/Sportbad (Fahrzeit ca. 45 Minuten)
Einkehren	**Tipp:** In Badenweiler selbst gibt es einige Cafés und Restaurants. Man sollte allerdings wissen, dass Badenweiler ein klassischer Kurort mit vielen älteren Kurgästen ist. Mit Kindern ist zum Beispiel die Bäckerei mit Café am Marktplatz empfehlenswert.

Informationen

Römische Badruine
www.badruine-badenweiler.de
April–Ende Okt 10–18 Uhr, Nov–März 10–17 Uhr
Erwachsene 2 €, erm. 1,50 €, Familienkarte 5 €

Salon Anton Pawlowitsch Tschechow im Kurhaus
Die Stadt Badenweiler ist sehr stolz auf ihren
berühmten Badegast und hat ihm neben Standbildern
auch ein Minimuseum gewidmet, in dem man vor allem
Fotos, Zeitungsartikel, Briefe und Manuskripte bewundern kann.

Freizeit- und Familienbad Müllheim
Mai–Aug 9–20 Uhr, Sept 9–19 Uhr geöffnet
Das Thermalbad ist schön, aber teuer und für Familien
mit Kindern nur bedingt geeignet. Eine gute Abkühlmög-
lichkeit gibt es im Freibad mit vielen Spielmöglichkeiten.

Wir beginnen unsere Tour
am Parkplatz am Sport-
bad. Wir folgen der Hauptstraße
ein kurzes Stück und gehen
leicht bergab bis zum Zebrastrei-
fen an der Metzgerei. Wir queren
die Straße und den Klemmbach
und gehen den Oberen Kirchweg (steil) hinauf, bis wir rechter Hand den Parkeingang sehen.
Wir folgen dem Hauptweg durch
den **Park der Sinne**.

Nachdem alle genug experimen-
tiert, gespielt und vielleicht auch
ausgeruht haben, gehen wir an
der Station „Optische Täuschun-
gen" vorbei und verlassen den
Park wieder. Weiter geht es den

Verwirrung der Sinne im Park der Sinne

Oberen Kirchweg hinauf und am Ende biegen wir rechts in den **Kurpark**. Wir gehen am Ententeich vorbei, wo man übrigens schwarze Schwäne und Riesenkarpfen sehen kann. Der Eingang zum **Römerbad** ist leicht zu finden und gut ausgeschildert. Wer möchte, besichtigt die Ruinen, die tatsächlich für diese Gegend überraschend groß und beeindruckend sind. Ein kurzer Film vermittelt einen Eindruck von der römischen Badtradition.

Römische Badruinen im Kurpark

 TIPP

Rund um Badenweiler gibt es jede Menge toller Ausflugsziele:

Blauen
Von Badenweiler ist es nicht weit bis auf den dritthöchsten Schwarzwaldgipfel. Hier haben Sie eine schöne Aussicht, nette Aussichtsterrasse und vielfältige Wandermöglichkeiten

Geologischer und bergbaugeschichtlicher Wanderweg Badenweiler-Sehringen

Bettlerpfad von Merzhausen
siehe www.markgraefler.de

Nach ausführlicher Besichtigung gehen wir Richtung **Kurhaus** weiter. Im unteren Bereich befindet sich ein kleines Museum, das den Dichter und Schriftsteller Leo Tolstoi ehrt. Wir folgen der Beschilderung für den Kaffeemühlen-Rundweg, dem weißen Pfeil auf grünem Grund, rechts um den Schlossberg herum.

Die **Burgruine Badenweiler** ist sozusagen das Sahnehäubchen der Kurstadt. Im 19. Jahrhundert wurde ein englischer Landschaftsgarten, der heutige Kurpark, angelegt, zu dem so eine Burgruine natürlich hervorragend passt. Die Burganlage selbst stammt aus dem 12. Jahrhundert und wurde vermutlich von den Zähringern erbaut, die ihre Rechte am Silberbergbau in der Region sichern wollten. Später wechselte sie häufig Herren und Besitzer und gehörte ab dem 15. Jahrhundert den Markgrafen von Baden. Im Holländischen Krieg, im Jahr 1678, wurde sie von französischen Soldaten gesprengt und nie wieder aufgebaut.

Nachdem wir die Burg durchstöbert und vom Turm die schöne Aussicht genossen haben, folgen wir dem Treppenweg, am Teehaus vorbei, zurück zum Kurhaus. Wir können nun denselben Weg zurück zum Ausgangspunkt gehen oder vielleicht der Hauptstraße Richtung Stadtmitte folgen. Am **Marktplatz** gibt es ein nettes Eiscafé. Wenn wir der Hauptstraße (Ernst-Eisenloher-Straße) weiter folgen, kommen wir ebenfalls zurück zum Parkplatz.

26 | Ausflug
Burg Rötteln –
Ausflug in die Ritterzeit

Die Burgruine Rötteln ist beeindruckend. Sie ist eine der größten und imposantesten Ruinen in Südbaden und das historische Wahrzeichen der Stadt Lörrach. Vom Turm hat man eine tolle Aussicht auf die Stadt und das Umland. Das Erkunden der großen Anlage ist ein Erlebnis: im Museum erfährt man mehr über das Leben in der Burg, in der Burgschänke gibt es Flammkuchen, Vespergerichte und Kuchen, gleich hinter der Burg wartet ein schön gelegener Grillplatz auf Gäste und wunderbare Wege auf Wanderer – rundum ein tolles Ausflugsziel!

ÖPNV
ab Freiburg Hbf mit dem Zug bis Basel/Badischer Bahnhof, weiter mit der S6 Richtung Zell i.Wiesental bis Haltestelle Lörrach/Hauptbahnhof, zur Burg weiter ab Busbahnhof mit dem Bus 16 bis Haltestelle Haagen/Röttelnweiler, ab da ca. 15 Minuten Fußweg bis zur Burganlage (Fahrzeit ca. 1:30 Stunden)

Einkehren
Burg Rötteln
www.burgruine-roetteln.de
Mitte März–Mitte Nov tägl. 10–18 Uhr, Mitte Nov–Mitte März Wochenends u. Feiertag 11–16 Uhr
Erwachsene 2,50 €, Kinder ab 6 J. 1 €
Biergarten Burgschänke
tägl. bei guter Witterung 11–21 Uhr
www.burgschenke.de

Informationen
Erlebniskletterwald Lörrach
www.erlebniskletterwald.de
Der Kletterwald ist nur bei guter Witterung geöffnet, es gibt wechselnde Ruhetage. Bitte informieren Sie sich im Internet.
Erwachsene 21 €, Kinder bis 15 J. 17 €, Familienkarte möglich, Happy hour 1,5 Stunden vor Schluss

Okidoki Kinderland Lörrach
www.okidoki-loerrach.de

Informationen	Mo–Fr 14–19 Uhr, am Wochenende sowie in den Ferien BW 10–19 Uhr Erwachsene 3,90 €, Kinder 7,50 €, ab 17 Uhr halber Preis

Parkschwimmbad

Ende Mai–Juli Mo–Fr 10–20 Uhr, Sa, So u. Feiertage 9–20 Uhr, Aug–Mitte Sept Mo–Fr 8.30–20 Uhr, Sa, So u. Feiertage 9–20 Uhr, weitere Infos zu Öffnungszeiten unter www.loerrach.de
Erwachsene 4 €, Kinder ab 6 J. 2,50 €

Sehenswert

Dreiländermuseum

www.dreilaendermuseum.eu
Di–So 10–18 Uhr, Sa Kinderprogramm
Erwachsene 2 €, Kinder ab 6 J. 1 €,
jeden 1. So im Monat Eintritt frei

Tipp: Auf der Internetseite gibt es schon einmal allerlei Rätsel und Spiele vorab zum Herunterladen.

Erdmannshöhle

www.gemeinde-hasel.de
9.4.–2.6. und 11.9.–5.11. Mo–Fr 10–15 Uhr, Sa, So u. Feiertage 10–17 Uhr, 3.6.–10.9. tägl. 10–17 Uhr
Erwachsene 4,50 €, Kinder ab 4 J. 3 €
Führungen zu jeder vollen Stunde

Tipp: Ebenfalls nicht weit von Lörrach, bei Rheinfelden/Riedmatt am Oberrhein, befindet sich die **Tschamberhöhle**, eine Erosionshöhle, die ebenfalls im Rahmen einer Führung besichtigt werden kann. Weitere Infos unter www.schwarzwaldverein-karsau.de/tschamber-hoehle.php

Unterhalb der Burg gibt es einen Parkplatz, auf dem Sie kostenlos Ihr Auto abstellen können. Gleich daneben befindet sich eine Übersichtskarte, auf der Sie Wandervorschläge für Rundtouren finden. Die Touren sind zwischen 3,5 und 11,5 km lang und hervorragend ausgeschildert. Für Kinder, die sich gern noch mehr austoben möchten, gibt es in Lörrach direkt neben der Jugendherberge den **Erlebniskletterwald**. Hier können sich die Kinder auf dem spannenden Partnerparcour ausprobieren und auch für Kletterer unter 1,30 m steht Spannendes bereit. Im Stadtzentrum von Lörrach gibt es

In und um die Burgruine Rötteln gibt es viele geheime Winkel zu erforschen.

einige schöne Cafés und Eisdielen. Das **Dreiländermuseum** zeigt die
Geschichte Lörrachs und der Region im Dreiländereck. Das Museum
bietet auch spezielle Führungen für Kinder. Mit viel Spaß sind die
Kinder als Detektive im Museum unterwegs, müssen Spuren finden,
Rätsel lösen, Hinweise deuten. Bei Interesse bitte anmelden.

Die **Burg Rötteln** wurde erstmals im Jahr 1259 urkundlich erwähnt;
damals war sie im Besitz der Herren von Rötteln. Der Name Rötteln
wurde wohl von einem nahegelegenen kleinen Dorf übernommen.
Rötteln, althochdeutsch raudinleim, ist von „zum roten Lehm"
abgeleitet. 1315 gelangte die Burg durch Erbfolge in den Besitz der
Hachenberg-Sausenbergs. Rudolf III. von Hachenberg-Sausenberg
ließ eine Familienchronik schreiben (heute ein bedeutendes Schrift-
stück), das die regionalen, zum Teil auch überregionalen historischen
Begebenheiten zwischen 1376 und 1432 dokumentiert. Durch einen
weiteren Erbvertrag gelangte die Burg im 15. Jahrhundert in den
Besitz der Herren von Baden. In diese Zeit fallen auch die Bauern-

kriege. Die Burg wurde 1525 von Bauern eingenommen und die Archive zerstört; die Gebäude blieben indessen unbeschadet. Im Dreißigjährigen Krieg wurde die Burg hart umkämpft und mehrmals eingenommen, bis sie schließlich im Holländischen Krieg 1678 ausbrannte und der Herrschaftssitz in die Stadt verlegt wurde. Baumaterialien wurden abgetragen, die Burg verkam. Im 19. Jahrhundert wurden die ersten baulichen Sicherheitsmaßnahmen an der Ruine durchgeführt, um sie der Öffentlichkeit zugänglich zu machen.

TIPP

Lörrach, unter dem Jahr eher eine ruhige Stadt mit vielen Einkaufsmöglichkeiten, wird zur Fasnachtszeit zum einmaligen Erlebnis. Guggemusiker aus der nahen und fernen Umgebung treffen sich hier, um einen freundlichen Wettbewerb auszutragen. Überall in der Stadt gibt es Bühnen, wo die Gruppen ihr Können zeigen. Der Umzug am Fasnachtssonntag ist riesig und sehr sehenswert. Alljährlich stehen auch ein Kinderball und ein Kinderumzug auf dem Programm. Weitere Infos zu Terminen und Veranstaltungen finden Sie auf dem Veranstaltungskalender der Stadt unter www.loerrach.de.

Bei schlechtem Wetter bietet das Okidoki Kinderland eine bunte Auswahl an Spielmöglichkeiten. An heißen Tagen erfrischt ein Besuch im Parkschwimmbad. Ein Besuch Lörrachs und der Burgruine Rötteln kann man auch gut mit dem Besuch der **Erdmannshöhle** verbinden. Die Tropfsteinhöhle befindet sich keine 20 km von Lörrach entfernt bei Hasel. Der Riesentropfstein in dieser Höhle steht sogar im Guiness Buch der Rekorde.

Die Erdmannshöhle ist eine der ältesten Tropfsteinhöhlen Deutschlands.

27 | Ausflug
Basel –
Vielfältige Freizeitmöglichkeiten

ÖPNV   ab Freiburg Hbf mit dem Zug bis Basel/SBB
(Fahrzeit ca. 40 Minuten)

Informationen   ### Zoo Basel
www.zoobasel.ch
Jan/Feb/Nov/Dez 8–17.30 Uhr, März/April/Sept/Okt
8–18 Uhr, Mai–Aug 8–18.30 Uhr
Erwachsene 21 CHF, Kinder 6–15 J. 10 CHF
Es kann auch in Euro bezahlt werden!

Tierpark Lange Erlen
www.erlen-verein.ch
März–Okt 8–18 Uhr, Nov–Feb 8–17 Uhr, Eintritt frei
Ponyreiten: So 14.45–16 Uhr, 2,50 CHF

Spielzeug Welten Museum Basel
www.spielzeug-welten-museum-basel.ch
Jan–Nov Di–So 10–18 Uhr, Dez täglich. 10–18 Uhr,
Achtung: Gesonderte Öffnungszeiten in den Ferien!
Erwachsene 7 CHF, Kinder bis 16 J. in Begleitung gratis

Kunstmusem Basel
www.kunstmuseumbasel.ch
Di–So 10–18 Uhr
Erwachsene 16 CHF, Jugendliche 13–19 J. 8 CHF

Museum Tinguely
www.tinguely.ch
Di–So 11–18 Uhr
Erwachsene 18 CHF, Kinder bis 16 J. in Begleitung eines
Erwachsenen gratis
Im Rahmen des Kinderclubs können Kinder ab 8 J.
spielerisch die Ausstellung kennen lernen und selbst
aktiv werden. Näheres dazu auf der Webseite.

Informationen

Naturhistorisches Museum Basel
www.nmb.bs.ch
Di–So 10–17 Uhr
Erwachsene 7 CHF, Kinder ab 13 J. 5 CHF, jeden 1. So im
Monat freier Eintritt

Augusta raurica
www.augustaraurica.ch
Tägl. 10–17 Uhr
Die Monumente und der Tierpark sind frei zugänglich.
Im Museum und Römerhaus bezahlen Erwachsene
8 CHF und Kinder ab 6 J. 6 CHF.

Stadtbummel, Zoo, Naturkundemuseum, Museum der Kulturen, Spielzeug Welten, Papiermühle, Rheinschwimmen und vieles mehr hat das schweizerische Basel zu bieten, wohin man am besten mit dem Zug fährt. Da spart man sich die lästige Parkplatzsuche und die teuren Parkgebühren. Von Lörrach gibt es eine sehr gute und schnelle Verbindung mitten in die Stadt zum Schweizer Bahnhof (SBB). Im Bahnhof ist die Touristeninformation untergebracht, wo Sie einen Stadtplan und weitere Tipps für Ihren Aufenthalt in der Stadt bekommen können.

Gleich neben dem Bahnhof liegt der Zoo. Der **Baseler Zoo** ist der älteste der Schweiz und einer der bedeutendsten in Europa. In den nach Themen und Regionen aufgeteilten Freigehegen und Tierhäusern gibt es viel zu entdecken. Im Kinderzoo können Kinder die Tiere hautnah erleben und dürfen ab einem Alter von acht Jahren sogar mit anpacken.

Kleiner, aber auf jeden Fall sehenswert, ist der **Tierpark Lange Erlen**. Im vereinsbetriebenen Park gibt es heimische Tierarten und Nutztierrassen, vielfältige Spiel- und Tobemöglichkeiten und Ponyreiten. Der Tierpark ist frei zugänglich.

Basel ist vom Rhein geprägt, der hier am sogenannten „Rheinknie" seine Fließrichtung ändert: von Ost-West nach Süd-Nord. Hier geht der Hochrhein in den Oberrhein über. Der Fluss teilt die Stadt in die Altstadt rund um Markt- und Münsterplatz, auch Großbasel genannt, und das rechtsrheinische Kleinbasel. Vom Hauptbahnhof als Ausgangspunkt können Sie bequem durch die Straßen und Gassen der Stadt schlendern. Sehenswert sind unter anderem der Barfüsserplatz, der Marktplatz und das Münster. Viele Museen lohnen einen Besuch. Einen Stadtspaziergang können Sie zum Beispiel vom Bahnhof SBB aus beginnen. Von hier ist es

Bei einem Stadtbummel gibt es viel zu entdecken.

nicht weit zum Barfüsserplatz, wo die **Spielzeug Welten**, ein Spielzeugmuseum auf vier Stockwerken, das Kinderherzen höher schlagen lässt, auf die kleinen Besucher warten. Jeden ersten Samstag im Monat gibt es um 14 Uhr eine Führung durch die Ausstellung.

Weiter können Sie durch die Altstadtgassen zum Rümmeliplatz spazieren und von dort über den Marktplatz zum Rhein. Danach links das Drei König-Weglein entlang bis zur Anlegestelle der **Klingentalfähre** gehen. Eine Überfahrt nach Kleinbasel mit der rein durch Wasserkraft angetriebenen Fähre ist spannend. Direkt am Rheinufer befindet sich im mittelalterlichen Gründungsbau des Dominikanerklosters das **Museum Kleines Klingental**. Hier kann man Ausstellungsstücke zur Baseler Geschichte und dem Münster sehen.

Vier Fähren bringen Fußgänger über den Rhein und verbinden so die Altstadt Großbasel und Kleinbasel.

Wir spazieren weiter den Rhein Richtung Mittlere (Rhein-)Brücke entlang und haben einen schönen Blick auf das Münster und die hübschen Häuser am Rheinufer. Anschließend geht es über die historische Mittlere (Rhein-)Brücke zurück nach Großbasel, dann links die schmalen Gassen hinauf Richtung Münster, am **Naturhistorischen Museum** vorbei. Das Museum ist wirklich sehenswert. Vor allem die tolle paläontologische Ausstellung wird die Kinder begeistern. In den Räumen Saurier & Dino sowie Mammut & Säbelzahntiger sind tolle Rekonstruktionen der Tiere aus grauer Vorzeit zu sehen.

Wir kommen schließlich zum **Münsterplatz**. Wer möchte, steigt die 250 Stufen auf den Turm hinauf und hat von hier eine herrliche Aussicht. Wir gehen zurück zum Barfüsserplatz beziehungsweise Richtung Bahnhof. Alles ist sehr gut ausgeschildert.

TIPP

Für das **Basler Münster** werden speziell für Kinder Rätsel- und Erkundungsblätter zum Münsterbesuch angeboten. Sie können sich die Blätter unter www.basler-muenster.ch/kirchliches-leben/besuche-und-fuehrungen/muenster-fuer-kinder herunterladen.

Eine weitere Attraktion in Basel ist das **Rheinschwimmen**. Es ist erlaubt, sich in ausgewiesenen Bereichen den Rhein hinuntertreiben zu lassen oder zu schwimmen. Der größte ausgewiesene Bereich (fast 2 km) befindet sich rechtsrheinisch, Einstieg beim Museum Tinguely, Bojen markieren den sicheren Bereich. Der beste Ausstieg ist bei der Dreirosenbrücke, wo auch eine Duschmöglichkeit besteht. Es wird ausdrücklich darauf hingewiesen, dass das Rheinschwimmen nur für gute und erfahrene Schwimmer geeignet ist! Weitere Infos und Sicherheitshinweise finden Sie unter www.polizei.bs.ch/verkehr/rhein/schwimmen-im-rhein.html.

Ungewöhnliches Badeerlebnis im Rhein

Basel ist auch die Stadt der Kunst. Hier befindet sich die größte Kunstsammlung der Schweiz. Das **Kunstmuseum Basel** bietet monatlich Workshops für Kinder und Familien; außerdem kann eine Kinderüberraschungskiste gebucht werden, die zu einer Entdeckungstour durch das Museum einlädt. Für Kinder interessant ist auch das **Museum Tinguely**. Der Künstler Jean Tinguely schuf mit viel Humor fantasievolle Skulpturen und Plastiken aus Metall. Im Museum wer-

den regelmäßig Kinderführungen angeboten.

💡 TIPP

Eine Liste mit **Baseler Museen** und alle Infos zu Öffnungszeiten, Eintrittspreisen und Angeboten finden Sie unter www.museenbasel.ch.

In Augst, unweit von Basel, befindet sich die **Augusta rauric**a, eine Reise in die Antike. Die Siedlung aus römischer Zeit hat Einiges zu bieten. Hier gibt es römische Geschichte zum Erleben und Anfassen. Für Familien mit Kindern gibt es Führungen und spannende Workshops zu verschiedenen Themen.

◀ *Bleibendes Ausstellungsobjekt: Der Diplodocus am Baseler Bruderholz stand im Naturhistorischen Museum.*

Weitere Ausflugsziele im Markgräflerland

Museen

Markgräfler Museum

Wilhelmstraße 7
79379 Müllheim
☎ 0 76 31 / 80 15 20
www.markgraefler-museum.de
Di–So 14–18 Uhr
Erwachsene 3 €, Kinder frei
Alles, was Sie über das Markgräflerland wissen möchten! In den großen
Dauer- und Sonderausstellungen
erfahren Sie Wissenswertes über
Kunst, Kultur und Geschichte des
Markgräflerlandes. Für Kinder bietet
das Museum regelmäßig auch muse-
umspädagogische Aktionen an.

Kalimuseum mit Schaustollen

Am Sportplatz 6a
79426 Buggingen
☎ 0 76 31 / 18 03 20
Am 1. So im Monat 15–17 Uhr oder auf
Anfrage geöffnet. Eintritt frei
Hier erfahren Sie mehr über den
Abbau von Kalisalz und die Kaliindus-
trie in Deutschland.

Dreiländermuseum Lörrach

siehe S. 128

Frick Mühle, Mühlenmuseum

Gerbergasse 74/76
79379 Müllheim

www.markgraefler-museum.de
April–Okt jeden 1. Sa und jeden 3. So
im Monat von 15–17 Uhr
Das Mühlenmuseum gehört zum
Markgräfler Museum. Dort können
Sie auch bei Interesse eine Führung
vereinbaren.

Bienenkundemuseum Münstertal

Spielweg 55
79244 Münstertal/Schwarzwald,
☎ 0 76 36 / 79 11 05
www.bienenkundemuseum.de
Mi, Sa, So und Feiertags 14 – 17 Uhr
Erwachsene 2,50 €, Kinder 1,50 €

So faszinierend ist die Welt der Bienen!

Oberrheinisches Bäder- und Heimatmuseum Bad Bellingen

Alte Weinstraße 25
79415 Bad Bellingen
☎ 0 76 35 / 82 21 60
www.baedermuseum.de
Mi u. So 14–17 Uhr
Eintritt frei
(Sonderausstellungen 1 €)
Bäderkultur von der Römerzeit bis heute sowie heimatgeschichtliche Ausstellung

Römermuseum Villa urbana

Johanniterstraße 89
79423 Heitersheim,
☎ 0 76 34 / 59 53 47
www.heitersheim.de
roemermuseum-villa-urbana.html
Ende März–Anfang Nov
Di–Sa 13–18 Uhr,
So u. Feiertags 11–18 Uhr,
So 15 Uhr allgemeine Führung;
Eintritt frei
Bei der Villa urbana handelt es sich um einen ehemaligen römischen Gutshof.

Stadtmuseum im Litschgihaus Bad Krozingen

Basler Straße 10–12
79189 Bad Krozingen
Di–Do 15–17 Uhr und jeden 1. u. 3. So im Monat
Erwachsene 2 €,
Kinder bis 16 Jahre frei
Neben Regionalgeschichte ist auch die römischen Geschichte der Region Ausstellungsthema.

Heimat- und Keramikmuseum

Ziegelstraße 30
79400 Kandern
April–Okt Mi 15–17.30 Uhr,
So 10–12.30 Uhr und 14–16 Uhr

Literaturmuseum Hebelhaus

Bahnhofstraße 9
79688 Hausen
☎ 0 76 22 / 6 87 30
www.hebelhaus-hausen.de
Mi, Sa u. So 13.30–17 Uhr
(Jan geschlossen)
Erwachsene 3 €, Kinder 1,50 €
Kennen Sie auch die humorvoll-weisen Kalendergeschichten aus Ihrer Grundschulzeit? Eine nette, kleine Ausstellung erinnert an den Dichter und Pädagogen Johann Peter Hebel.
Tipp: Wer Kunst und Sport verbinden möchte, kann dies auf dem Hebel Radweg oder Hebel Wanderweg tun. Weitere Infos unter www.hausen-im-wiesental.de

Bauernhausmuseum Schneiderhof

Am Schneiderhof 6
79585 Steinen
☎ 0 76 29 / 15 53
www.bauernhausmuseum-
schneiderhof.de
Mi u. Sa 15–17 Uhr, So u. Feiertags
13–17 Uhr, zu jeder vollen Stunde gibt
es eine Führung, letzte Führung um
16 Uhr
Rund ums Jahr werden Aktionstage
angeboten wie Brot backen, Nägel
schmieden oder Wolle spinnen. Informieren Sie sich aktuell auf der
Internetseite!

Draußen unterwegs

Ausflug nach Kandern mit der Kandertalbahn

Die Museumseisenbahn fährt von
Anfang Mai bis Ende Oktober jeden
Sonntag zwischen Haltingen und
Kandern. Weitere Infos zu Son-
derveranstaltungen, genauen Abfahrtszeiten usw. finden Sie unter
www.kandertalbahn.de. Eine Familienkarte kostet etwas über 20 €. In
Kandern erwarten Sie zwei interessante Themenrundwege: der Zeit-
weg/Planetenweg und der Wald-Erlebnis-Pfad. Den Zeitweg/Planeten-
weg beginnen Sie am Zeitstein beim
Rathaus und wandern von hier aus
Richtung Egerten. Auf 6 km erfahren
Sie Wissenswertes über das Son-
nensystem und die Erdgeschichte.
Der Wald-Erlebnis-Pfad beginnt hin-

ter dem August-Macke-Schulzen-
trum. Hier erwarten Sie auf 3,5 km
zahlreiche Spiel- und Wissensstationen. Auch die Burgruine Sausen-
burg ist nicht weit und lohnt einen
Ausflug. Kandern hat eine lange
Töpfertradition. So finden Sie hier
neben dem Keramikmuseum auch einige Töpferwerkstätten, die Sie besuchen können.

Vogelpark Steinen

an der L 136
79585 Steinen,
☎ 0 76 27 / 74 20
www.vogelpark-steinen.de
Mitte März–Anfang Nov
tägl. 10–17 Uhr
Erwachsene 18 €, Kinder ab 4 Jahre 9 €
Neben verschiedenen Gehegen, Vo-
lieren und einem Spielgelände mit
Barfußpfad und wird eine Flugshow
angeboten und man kann bei der Ber-
beraffenfütterung dabei sein.

Erdmannshöhle

siehe S. 127ff.

Goldwaschen bei Neuenburg am Rhein

Eine teure Angelegenheit! Erwachsene bezahlen 30 €, Kinder die Hälfte. Unter fachkundiger Führung versucht man, aus dem Rhein Gold herauszuwaschen. Was Sie finden, dürfen Sie behalten. Werkzeug wird zur Verfügung gestellt. Die Veranstaltung dauert etwa vier Stunden und Sie müssen sich anmelden. Weitere Infos unter www.neuenburg. de/,Lde/Startseite/Tourismus/ Goldrausch+am+Rhein.html

SUP, Paddeln und Rafting am Altrhein

Bei Bad Bellingen gibt es eine Verleihstation der Firma BlackForestMagic für Kanus, Kajaks und auch SUPboards. Samstags und Sonntags werden in der Saison jeweils um 13 Uhr geführte Touren angeboten. Anmeldung erforderlich. Weitere Infos unter www.blackforestmagic.de
Die Firma Wildsports Tours bietet ebenfalls geführte Touren sowie Kanu- und Kajakverleih an. Hier können Sie Ihre Tour individuell gestalten. Die Anlieferung der Boote ist möglich, Sie können diese aber auch selbst abholen. Zu festen Terminen gibt es geführte Touren, beispielsweise auf dem Altrhein bei Neuenburg. Lassen Sie sich ein Angebot unterbreiten: www.wildsport-tours.de

Indoorspielplätze

Nepomuks Kinderwelten

Rheinwaldstraße 16
79395 Neuenburg
☎ 0 76 31 / 93 60 00
www.nepomuks-kinderwelt.de
Die Öffnungszeiten entnehmen Sie bitte der Internetseite.
Erwachsene 5,50 €, Kinder ab 85 cm 9,50 €, Familienkarte 26 €,
17–19 Uhr Happy hour
Hallenspielplatz mit zahlreichen Kletterparcours, Trampolin, Wabbelberg, Rutschbahnen u.v.m., Gastronomie vor Ort.

Okidoki Kinderland Lörrach

siehe S. 130

Register

Seitenangaben von Touren sind durch Fettdruck hervorgehoben.

Impressum

Die Angaben zu Öffnungszeiten, Preisen, Anfahrt usw. entsprechen dem Kenntnisstand Frühjahr 2017 und können sich natürlich ändern. Bitte informieren Sie sich aktuell auf den angegebenen Internetseiten.

Bildnachweis

Wikimedia-Commons-Lizenz Attribution 2.0 Generic (CC BY 2.0):
    S. 65: Erich Ferdinand from germany
Wikimedia-Commons-Lizenz Attribution-ShareAlike 3.0 Unported (CC BY-SA 3.0):
    S. 14, 21: Joergens.mi/Wikipedia; S. 57 oben, 81: Stefan Karl; S. 59 unten: Neptuna;
    S. 68: Andreas Schwarzkopf; S. 69: Xocolatl; S. 82: Ralf Wimmer; S. 83: Hannes 1937;
    S. 91, 92: Wilfried Fiebig, Braunschweig; S. 96 unten: Bnsipe;
    S. 135: Fridolin freudenfett (Peter Kuley); S. 139: Wladyslaw; S. 141: Gryffindor
Wikimedia-Commons-Lizenz Attribution-ShareAlike 4.0 International (CC BY-SA 4.0):
    S. 134: Dr. Nachtigaller
Wikimedia-Commons-Lizenz art libre:
    S. 132, 136-137: Wladyslaw Sojka, www.sojka.photo
Max Beyer: S. 27, 33, 130
Alle anderen Fotos: Veronika Beyer

© 2017 Lauinger Verlag | Der Kleine Buch Verlag, Karlsruhe

Projektmanagement, Lektorat, Umschlaggestaltung und Satz: Beatrice Hildebrand

Layout: post scriptum, www.post-scriptum.biz

Kartengrundlage: © GeoBasis-DE / BKG 2016

Druck: SIA Dardedze Holografija – vislabakā tipogrāfija Latvijā

ISBN 978-3-7650-8720-2